건강한 교회를 향한 갈망

건강한 교회를 향한 갈망
Desire for a Healthy Church

소형교회 성장을 위한 탐색

초판 1쇄 발행 2019년 4월 20일

지은이 최학선
펴낸이 장주희
펴낸곳 아이러브처치
디자인 송지혜
전화 0505) 267-0691
팩스 032) 505-6004
등록일 2005년 2월 16일
등록번호 제 2005-6호
이메일 churchbook@hanmail.net
판권소유 ⓒ 아이러브처치 2019
값 15,000원
ISBN 978-89-92367-93-6 03230

아이러브처치(ilovechurch)는 예수 그리스도가 주인인 교회를 사랑하며, 마지막 '때'(마 24:14)의 사명을 감당하고자, 믿음의 식구들과 함께 기도하며 준비하는 선교단체입니다. 아이러브처치는 찬양을 통한 영적회복, 도서를 통한 영적 강건함, 문화를 통한 복음화, 그리고 세계선교의 비전을 추구합니다.

「이 책의 모든 내용은 저작권 보호를 받으므로 무단전제와 복제를 할 수 없습니다.」

이 도서의 국립중앙도서관 출판예정도서목록(CIP)은 서지정보유통지원시스템 홈페이지(http://seoji.nl.go.kr)와 국가자료공동목록시스템(http://www.nl.go.kr/kolisnet)에서 이용하실 수 있습니다. (CIP제어번호 : CIP2017026004)

Desire
for a Healthy Church

건강한 교회를 향한 갈망

아이러브처치
www.churchbook.net

목차

추천의 글   07
감사의 글   11

제 1 장   들어가는 말   13

제 2 장   포스트모던과 교회의 대응

포스트모던의 특징   18
포스트모던 시대의 북미 교회   21
- 선교학적 해석   27

제 3 장   교회 성장 운동의 이해

교회 성장 운동의 발전과 특성
1. 교회 성장 운동의 태동   30
2. 교회 성장 운동의 발전   35
3. 교회 성장 운동의 특성   38
4. 교회 성장 운동의 논란   44

자연적 교회 성장 운동의 발전과 특징
1. 자연적 교회 성장 운동의 태동   50

2. 자연적 교회 성장 운동의 특성   52

3. 자연적 교회 성장 운동의 비판   56

선교적 교회 성장 운동의 원리와 특성

1. 선교적 교회 성장 운동의 원리   59

2. 선교적 교회 성장 운동의 특성   66

- 선교학적 해석   68

제4장   선교적 교회 운동의 이해

1. 이머징 교회   76

2. 선교적 교회   80

3. 선교적 교회의 제자도   85

4. 선교적 교회의 공동체   92

선교적 교회 운동의 사역 원리

1. GOCN의 분석과 특징   99

2. 프로스트와 허쉬의 분석과 특징   104

3. 스테처의 분석과 특징   106

4. 이상훈의 분석과 특징   109

- 선교학적 해석   113

제 5 장　선교적 교회 성장의 사례

오가닉 교회(Organic Church)　124

소마 선교 공동체(Soma Missional Community)　134

그린랜드 교회(Greenland Church)　142

사례 연구 분석과 평가　148

- 선교학적 해석　155

제 6 장　선교적 교회 성장을 위한 사역 방안

선교적 교회관 정립　160

선교적 사역 원리　166

제언　172

부록: 소형 교회의 5년 사역 계획　177

참고 문헌　196

추천의 글

지금까지 우리가 출석하면서 경험했던 교회들에 대한 실망감이 커지면서 교회를 떠나는 사람들이 많아졌습니다. 이런 현상을 감지하고 대안을 마련해야 한다는 목소리가 커졌지만, 구태의연한 모습에서 좀처럼 벗어나지 못하고 내리막길을 걷는 것처럼 점점 더 빠른 속도로 쇠퇴하는 교회의 현실은 안타까움을 더하게 합니다.

저자는 이미 기울어진 운동장과 같은 교회를 경험하면서도 희망의 끈을 놓지 않고 진정한 교회, 성경이 말하는 교회를 추구하는 영적 순례의 길을 외롭지만 꿋꿋이 걸어왔습니다. 이 책은 평신도로서, 의료선교사로서, 일터 영성가로서, 그리고 교회 개척의 현장 사역자로서 선교적 교회야말로 하나님께서 이 시대에 세우시는 진정한 교회의 모습임에 동의하고 있습니다.

이 책은 연구자 또는 사역자의 입장에서 선교적 교회와 관련된 다양한 자료들을 어떻게 접근하고 정리해서 지역 교회에 적용할 것인가라는 선교학적 방법의 실천을 관찰할 수 있게 합니다. 지역 교회 차원에서 선교적 교회의 실현을 모색하는 현장 사역자들에게 일독을 권합니다.

이광길 교수(SOMA University 리더십)

의료 선교사요 목회자로 참다운 교회의 모습을 되찾기 위해 40여 년간 고심을 해오던 최학선 목사님께서, 이 일을 학문적으로 깊이 연구하고 실제적으로 그런 교회를 세워 목회를 하며 터득한 내용들을 정리해서 학위 논문으로 제출한 것으로 알고 있습니다. 그런데 이번에 이를 보완해서 "건강한 교회를 향한 갈망"이라는 제목으로 출간을 하게 되었다는 소식을 전해 듣고 얼마나 반가웠는지 모릅니다.

추천자도 40년 이상을 이민 목회 현장에서 교회를 섬기며 고심해왔던 부분들을 재정립해 볼 수 있는 기회가 되었기 때문입니다. 추천자는 한 때 5000여명의 성도들이 모이는 초대형 교회를 10년 이상 부 교역자로 섬겨보기도 했고, 또 20명이 채 안되는 교회를 맡아 중형 교회로 성장시키면서 안고 있었던 목회자의 내면적인 갈등과 고심이 많이 있었습니다.

동시에 주의 종들을 양육하는 신학대학교의 최고 책임자인 총장으로 6년간 봉사해오면서 목회자의 본연의 자세는 교회를 양적으로 성장시켜야 된다는 교회 성장 이론에 주안점을 두고 있었습니다. 그 배경은 추천자가 섬겨왔던 대형교회의 목회 패러다임이 성경적이라고 생각하고 있었기 때문입니다. 다른 이유는 그 당시 많은 목회자들이 갈망하고 있던 교회 성장학의 이론이 양적 성장을 강조해왔고, 교회 성장학의 권위자인 풀러 신학교의 피터 와그너(Peter Wagner) 교수 밑에서 공부하면서 그의 이론에 전적으로 동조하고 있었기 때문입니다

일선 목회를 은퇴한 이후 현대 목회의 패러다임이 바뀌어야 되겠다는 것을 깊이 인식하고 있습니다. 교회의 본질은 선교에 있고 교회는 근본적으로 선교를 감당하는 선교적 본성을 회복해야 된다는 사실을 예수 그리스도의 사역을 통해 재인식하게 된 것입니다. 오늘날의 많은 교회들이 포스트모던의 영향을 크게 받아 인본주의적인 교회 형태로 변하고 있는 요인도 교회의 양적 성장에 비중을 많이 두고 있기 때문이라고 봅니다.

그런데 저자는 교회를 통해 성경적인 목회 패러다임을 실현시켜 보기위해 노력했습니다. LA에서 멀리 떨어져 있는 루이지애나 주에 있는 교인들의 요청을 받고 매 주말마다 자비량으로 몇 시간씩 비행기를 타고 가서 예배를 인도하고 성경 공부를 하면서 성경적인 건강한 교회를 세우기 위해 헌신하는 모습을 보여 왔습니다. 당시 현역 치과병원장으로 여러 병원을 다니며 풀 타임으로 환자를 돌보고 있었고 동시에 풀러신학교에서 박사과정을 밟고 있는 상태였습니다. 추천자도 그 교회를 직접 가보고 너무 무리한 사역이라고 만류할 정도였습니다.

그러나 저자는 이런 와중에도 건강하고 바른 교회상을 연구하고 목회 현장에 그 논리를 접목시키기 위해 힘썼습니다. 그리고 학문적인 뒷받침을 얻기 위해 선교학자와 목회자들의 조언을 들어가면서, 이를 박사학위 논문 주제로 정하고 잘 정립시켰습니다.

목회 현장에서 교회의 양적 성장에 고심하는 목회자와 교회 개척을 준비 중인 전도사, 그리고 신학을 공부하는 학생과 건강한 교회의 본질에 관심을 가지고 있는 평신도들에게 꼭 한 번 읽어보기를 권합니다. 이 책을 기쁜 마음으로 추천해 드리고 싶습니다.

송정명 목사(미주 성시화운동본부 대표, 전 월드미션대학교 총장)

감사의 글

참으로 오랜 세월이 지났습니다. 고교 시절부터이니 40년 이상이 걸린 셈입니다. 참다운 교회의 모습을 찾는데 말입니다. 하나님께서 광야의 40년을 지나게 하고 연단하신 후에야, 참 교회의 본질을 선명하게 보여주셨습니다. 하나님께서 친히 찾아오셔서 하나님의 백성으로, 교회로 삼아주시고, 하나님의 선교에 동참하라는 소명까지 더해주시니 감격할 따름입니다.

수많은 교인의 숫자와 거대한 예배당 건물을 참 교회의 모습으로 자랑하던 시절이 있었습니다. 그래서 세상에서 성공해 남들보다 헌금을 더 많이 하고, 전도도 더 열심히 하는 그리스도인이 되겠다고 다짐했습니다. 실제로 거의 그렇게 된 적도 있었습니다. 하지만 아내가 뇌일혈로 쓰러지면서 아메리칸 드림도, 참 그리스도인의 꿈도 깨어져 버렸습니다.

어떻게든 헌금을 더 많이 하고 사람을 더 많이 데려오면, 하나님께 칭찬받는 참 성도가 되는 줄 알았습니다. 교인의 숫자가 점점 늘어나고 예배당 건물이 더욱 웅장해지면, 하나님께서 좋아하시는 참 교회가 되는 줄 알았습니다. 그런데 하나님께서 시련과 고난을 통해, 참 성도와 교회의 모습은 그런 것이 아님을 깨우쳐 주셨습니다.

하나님께서 시련을 극복할 힘을 주셨습니다. 그리고 교회의 본질을 찾아 나섰습니다. 성경을 묵상하고 기도에 힘썼습니다. 성경을 더 알기 위해 신학을 공부했습니다. 루이지애나에서 한 지역 교회를 개척하고 섬기면서, 어떻게 하면 성경적인 교회 성장을 이룰 수 있을까 고민했습니다. 성경적인 교회 성장을 이루어 나간다면 교회의 본질도 깨우칠 수 있지 않을까 하는 기대가 있었습니다. 이와 함께 풀러신학교에서 선교학을 공부하게 되었습니다.

이러한 여정 속에서 만난 것이 선교적 교회입니다. 선교적 교회의 핵심은 삼위일체 하나님의 선교입니다. 하나님의 선교야말로 교회의 본질임을 깨달은 것입니다.

이 책은 저의 박사학위 논문을 다듬고 정리한 것입니다. 교회의 본질인 선교적 교회로의 소중한 꿈을 담았습니다. 참되고 건강한 교회 성장을 갈망하는 그리스도인들에게 신선한 도전이 되었으면 하는 바람입니다. 특히 작은 교회서 사역하는 목회자들에게 큰 도움이 되기를 간절히 소망해 봅니다.

부족한 저를 이 자리에 서기까지 도와주신 많은 분들께 감사드립니다. 먼저 저를 단련시키고 인도해 주셔서 참 교회의 본질을 깨우치게 해주신 사랑의 하나님께 감사드립니다.

박사학위 논문을 지도해주시고 이 책이 출판되도록 격려해주신 이상훈 교수님께 깊은 감사를 드립니다. 추천사를 기꺼이 써주신 이광길 교수님과 송정명 목사님께 감사드립니다. 또한 자료를 모으고 정리를 도와준 우형건 기자에게도 감사의 마음을 전합니다.

마지막으로 애니와 로린 두 딸에게 사랑과 고마움을 전합니다.

로스앤젤레스에서 최학선

*Desire
for a Healthy Church*

제 1 장

들어가는 말

릭 워렌(Rick Warren)은 교회 성장에 관한 많은 책과 세미나들이 소위 '파도를 일으키는 법'을 가르치려는 범주에 속한다고 지적하였다. 그런 것들은 '교회 성장은 교회의 전통·재정·프 로그램·인물 그리고 건축물 등에 의해 영향을 받는다.'고 강조하며, 잔재주나 프로그램 또는 마케팅 기술 등을 이용해서 성장의 파도를 만들어 내려고 시도한다(워렌 1995:22-23)고 말하였다. 이와 같은 워렌의 비판은 오늘날 교회 성장에 대한 얼마나 많은 접근들이 문제의 핵심에서 벗어나 있는지를 잘 보여 주고 있다.

1970년대에 교회 성장학이 전 세계의 기독교계를 휩쓸던 때가 있었다. 이 이론만 잘 따르면, 교회가 급속히 성장하리라는 기대 때문이었다. 실제로 교회 성장학을 잘 따라 함으로써 양적인 성장을 이룬 교회도 많았다. 여기저기서 2천 명, 5천 명, 1만 명이 넘는 대형 교회들이 쑥쑥 탄생했다. 이 교회 성장학은 사람들을 교회로 끌어모으는 최고의 마케팅 수단으로 각광받기에 이르렀다. 기독교계는 마치 모든 것을 다 이룬 양 자신만만해하고, 무한정의 교회 성장을 확신하며 승리감에 도취되어 있었다.

그러나 1990년대에 접어들면서, 교회 여기저기서 삐거덕거리는 소리가 들리고 때로는 한계에 다다른 것이라는 자조적인 목소리도 들려오기 시작했다. 문제는 교회 성장학이 양적 성장을 위한 하나의 기술과 도구로 전락했기 때문이었다. 이제 교회 성장 하면, 세상의 온갖 수단과 방법을 써서 물불 가리지 않고 양적 성장만을 좇는 거대한 교회를 연상시키게 되었다. 양적 성장의 절대화와 성공지향주의·물질지상주의·이기적인 개교회주의·수량·방법·성과 중심의 가치관·극심한 경쟁으로 인한 에큐메니컬(Ecumenical)

정신의 파괴 · 교회 사이의 불균형 등 인본주의적 양적 성장 추구가 도리어 교회의 정체성을 해체하기에 이른 것이다.

교회는 기독교가 존재하는 이유이자 가장 중요한 현장이다. 이 교회 공동체가 성장해야 하는 것은 당연하다. 그렇다면 무엇이 문제인가? 성장만 하면 된다는 것이 문제이다. 교회 성장은 하나님의 뜻이라면서, 온갖 비성경적 방법을 모두 동원하여 양적 성장에만 매달리는 것이 문제라는 것이다. 이런 왜곡된 교회 성장은 무엇보다 양적 성장을 절대화하여 그것을 우상처럼 숭배하는 경향이 있다. 이런 우상 숭배에 빠진 교회는 예배와 선교 · 양육 · 봉사 · 교제 등 교회의 주요 가치조차 양적 성장을 달성하기 위한 하나의 수단이나 부품으로 전락시키고 만다. 양적으로 성장하기만 하면, 교회의 본질을 손상시켜도 모든 것을 용인하는 사도(邪道)를 추구하게 되는 것이다. 역설적으로 교회의 성장을 추구하는 교회가 도리어 교회 쇠락의 길로 나아가고 있는 셈이다.

작금의 교회 성장학에 대해서 교회관이 하나님의 나라와 그리스도 중심이 아니라 지나치게 교회 중심이라는 비판이 제기되고 있다. 교회 성장이 곧 하나님 나라의 성장은 아니라는 말이다. 하나님 나라의 성장이 궁극적인 과제이며 교회 성장은 전도 명령에 따른 그 이전 단계라는 것이다. 따라서 최근 기존의 교회 성장학을 대치할 수 있는 하나님 나라의 성장에 대한 관심이 고조되고 있다. 이런 차원에서 대두되고 있는 것이 '선교적 교회' 혹은 '선교적 교회 성장'이라 할 수 있다.

오늘날 선교적 교회론은 참되고 건강한 교회 성장을 소망하는 사람들에게 매우 신선한 도전이 되고 있다. 무엇보다 선교적 교회의 논의 자체가 교회의 본질을 고민하고, 하나님 나라를 향한 회복과 선교적 삶을 요구하기 때문이다. 그런 관점에서 본 저서는 교회 성장의 개념을 선교적 교회 운동의 관점에서 조명해 보고, 이를 토대로 하는 자연적이며 건강한 교회 성장의 길을 모색해 보고자 한다.

책의 구성은 다음과 같다. 2장에서는 선교적 교회 운동의 상황적 이해로서 포스트모던과 기독 문화의 특징을 살펴보고, 3장에서는 교회 성장 운동의 성경적·신학적·선교적 이해로서 교회 성장 운동의 발전과 특성, 자연적 교회 성장 운동의 발전과 특성, 선교적 교회 성장 운동의 발전과 특성 등을 논할 것이다. 4장에서는 선교적 교회 운동의 사역 배경과 원리·특성을 살펴볼 것이다. 그리고 포스트모던 시대의 교회 운동으로 이머징 교회와 선교적 교회 운동에 대해 논할 것이다. 5장에서는 선교적 교회 성장 운동에 대한 사례 연구를 다룰 것이다. 작고 유기체적인 공동체를 통해 재생산을 지향하는 모델로서 오가닉 교회와 소마 공동체를, 한인 이민 교회의 사례로 그린랜드 교회를 다루고자 한다. 6장에서는 건강하고 선교적인 교회 성장을 이룰 수 있는 원리와 사역 방안을 다룰 것이다.

Desire for a Healthy Church

제 2 장

포스트모던과 교회의 대응

21세기는 변화와 혁신의 시대다. 급변하는 기술의 발전을 통해 우리는 과거에 경험해 보지 못한 미지의 세계 속으로 진입하고 있다. 모든 것이 흔들리고 도전받는 시대, 교회는 어떻게 대응하며 복음을 증거할 것인가? 모든 교회 앞에 놓여 있는 과제임이 틀림없다. 본 장에서는 포스트모던 시대의 문화적 특성과 그 속에서 교회가 어떻게 대응하고 있는지를 살펴보고자 한다.

포스트모던의 특징

전통적 교회 성장론의 기초가 된 모더니즘(Modernism)은 이성주의를 바탕으로 한다. 전통적으로 사람들은 전통과 권위, 또는 종교적인 믿음 등을 진리의 기준으로 삼아 왔다. 이 진리의 기준을 인간의 이성으로 정의하고, 인간의 이성을 기반으로 모든 세계관을 정립하는 것이 모더니즘의 성향이라 할 수 있다(임성빈 2004:17). 17세기까지 인간은 종교로 모든 것을 설명하고 성경을 숭상했다. 하지만 18세기를 지나며 인간의 이성이 발달하고 과학 기술이 발전하자, 이제 그 이성으로 성경을 비판하기 시작했다. 비이성적인 부분 즉 기적과 부활·창조·지옥 등 '우리 이성으로 이해하기 어려운 것들은 모두 성경에서 빼자.'라고 주장한 경험주의·실존주의·이성주의 등은 모두 모더니즘의 산물이었다.

그런데 그러한 모더니즘도 시들기 시작했다. 그 후에 나온 것이 바로 포스트모더니즘(Postmodernism)이다. 포스트모더니즘은 이성에 반대되는 감성과 의지 등을 강조하는 경우가 많다. 하나의 진리만을 주장하지 않기 때문에 다원주의적 성격이 강하다. 이성적인 판단보다 감성적인 느낌이나 이미지를 중요시한다. 포스트모더니즘 시대에는 절대 진리나 절대 권위가 없다. 기독교를 거부하거나 부인하지는 않지만, 기독교도 많은 비슷한 비중을 가진 여러 진리 중의 하나로 여긴다. 모든 것이 상대적이다.

이 포스트모더니즘이 교회 안으로 들어왔다. 많은 교회들이 하나님의 절대적이고 불변하는 복음을 전하는 대신, 교회에 나와 주는 사람들이 취사선택을 할 수 있도록 복음의 종류가 다양해졌다. 기복과 신비·보수·자유주의를 조금씩 다 건드려 준다. 거기서 자기가 좋은 것을 취사선택해서 듣고 교회에 나와 주기만 하면 된다는 식의 구걸이 되고 말았다. 설교도 자기가 이해하고, 자기 기분을 해치지 않을 뿐만 아니라 자기를 유쾌하고 행복하게 해 주는 이야기만 골라서 듣고 간직한다. 사람들은 절대 진리보다는 설교자의 외모나 언변·제스처에 더 은혜를 받는다. 자기를 감동시켜 주는 설교를 원하지만 가슴을 후벼 파는 진리에는 거부 반응을 일으키는 경향이 있다. 그래서 포스트모던 시대의 교회들이 대형화와 상업화되고 있는 것이다. 교회가 크면 클수록 그 안에는 신자들이 고를 수 있는 것이 많기 때문이다.

포스트모던 시대의 가장 큰 특징은 대중문화이다. 대중문화란 개인주의와 소비주의, 그리고 소유 중심적 삶이 핵심이다. 요즘 신세대에게 무엇이 왜 좋으냐고 물으면 "그냥요."라고 대답한다. 이 대답은 매우 포스트모던한 방식의 사고가 자리 잡았음을 보여 준다. 논리적 판단이나 합리적 사고는 필요 없다는 것이다. 그저 느낌으로 왠지 몰라도 그냥 좋은 것이 중요하다는 것은 바로 이성적인 판단보다는 감성적인 느낌, 자신의 의지를 중요시하는 포스트모더니즘의 특징이라 할 수 있다(임성빈 2004:17).

포스트모던 시대에 등장하는 이머징 세대의 특징은 다음과 같다. 첫째, 이머징 세대는 영적 세계에 활짝 열려 있는 만큼 다양한 영적 신앙이 뒤섞인 혼합 종교에 관심이 쏠려 있는 사람들이다. 이들은 절대 진리를 믿지 않는다. 그들은 모든 종교에 대해 거부감을 가지고 있지 않다. 둘째, 이머징 세대는 포스트모던 시대의 세계관을 가지고 있는 다원론자이다. 그들은 "하나님은 당신을 사랑하십니다."라고 말하면, "그런데 어떤 하나님을 이야기하시는 거죠?"라고 반문하는 사람들이다. 셋째, 이머징 세대는 견고한 닻이 없는 사람들이며, 붙잡을 진리가 없는 상충 모순(Contradiction)을 인정하는 사람들이다. 넷째, 영적 경험을 중요시하고 신비적인 요소를 갈구한다. 그들이 원하는 것은 하나님을 경험하는 것이지, 하나님에 대해 듣는 것이 아니다.

이머징 세대들은 인정받기(accepted), 사랑받기(feel we are loved), 목적 있는 삶(longing for purpose), 영적 달성(spiritual fulfillment), 의미(meaning) 등을 추구하며 창조자(our creator)를 갈망한다(킴벌 2007:110).

포스트모던 시대의 북미 교회

오늘날의 북미 교회를 크게 세 종류로 나눠 생각해 볼 수 있다. 대형 교회 즉 메가 처치와 이머징·선교적 교회, 그리고 전통적 형태의 교회이다. 이렇게 분류하는 기준은 '문화'다. 바로 포스트모던 시대의 현대 문화에 대한 반응에 따라 구분한 것이다.

많은 교회들이 더 크고, 더 편리하고, 더 효율적인 가치 아래 모든 것을 제공하려는 백화점식 서비스를 지향한다. 교회가 '사람(who)'이 아닌 '무엇(what)'으로 변질되었기 때문이다. 교회가 성도의 공동체가 아닌 예배당 건물이 되어 버렸다. '더 크고, 더 편리하고, 더 효율적인 것이 좋은 것'이라는 대중문화의 가치를 적극 수용하고 있는 것이다. 경쟁적으로 더 큰 교회가 되기 위해, '사람만 모을 수 있다면 무엇이든 할 수 있다'는 것이 바로 대형 교회 운동이다.

또 하나는 이머징·선교적 교회이다. 이들 교회는 포스트모던 문화의 거친 도전 속에서 무기력해 보이고 제도화된 교회의 한계에 대한 인식으로부터 시작되었다. 신학과 전통을 유지하면서도, 문화적으로는 매우 포용적인 교회들이다. 새롭게 부상하는 세대(Emerging Generation)에게 복음을 전파하고자 실천적 노력을 강조하는 선교적 공동체이기도 하다. 이들은 이전에 실시된 구도자 예배나 목적이 이끄는 교회·X세대를 위한 사역 등과 구별되기를 원했다. 왜냐하면 이들의 최우선적 과제는 교회의 양적 성장을 위한 전략이나 프로그램이 아닌, 실천적인 측면에서 예수의 말씀과 삶을 따르는 진정한 신앙 공동체의 형성이기 때문이다(이상훈 2012:33).

그리고 전통적 형태의 교회들이 있다. 여기에 속한 많은 교회들은 세상 문화를 적대시하는 태도를 취하면서 문화의 상황화를 거부한다. 그 결과 많은 교회들이 대부분 쇠락의 길을 가고 있다. 로마서 12장 2절은 "너희는 이 세대를 본받지 말고 오직 마음을 새롭게 함으로 변화를 받아 하나님의 선하시고 기뻐하시고 온전하신 뜻이 무엇인지 분별하도록 하라"고 한다. 이 말씀의 올바른 실천을 위해, 우리는 이 시대의 문화와 동화되는 것을 거부하도록 요청한다. 그러나 이것이 곧 문화 자체를 죄악시하라는 말은 아니다. 이 시대의 기독 문화는 포스트모더니즘을 이해하고 변혁적 문화(신국원 2004:103)를 실천하여 하나님 나라의 문화를 확장해 나가야 한다.

창세기 1장 28절은 "생육하고 번성하여 땅에 충만하라"고 말씀한다. 이는 인간은 문화적 명령을 하나님께로부터 위임받은 존재임을 의미한다. 인간은 이같은 문화적 명령을 수행하기 위해 하나님의 형상대로 지음 받은 존재인 것이다. 그리고 이 문화적 명령은 예수 그리스도의 "땅끝까지 복음을 전하라"는 지상 명령과 그 목적을 같이하고 있다. 복음의 전파는 죄악에서 구원하여 하나님 자녀로 삼는 일임과 동시에 문화적인 명령의 수행을 필연적으로 동반하는 일이기 때문이다.

마크 드리스콜(Mark Driscoll)은 "예수님은 우리를 복음으로(주님을 사랑하라고), 문화로(우리 이웃을 사랑하라고), 교회로(형제자매를 사랑하라고) 부르셨다"고 말한다. 선교 개혁의 가장 중요한 열쇠로서 궁극적으로 예수님께서 주시는 은혜를 통하여 그분을 닮아 가라는 것이다. 선교 개혁이란 새로운 문화 속에서 제기되는 새로운 질문에 대하여 허심탄회하게 예전의 복음을 사용하여 답변하는 것으로, 하나님이 우리에게 이 복음의 진리를 전하라고 하신 그 사람들의 문화와 언어로 조심스럽게 표현하도록 요구한다(드리스콜 2007:23-49).

누가복음 10장에서 예수님은 수많은 마을들을 방문하면서 70인의 제자들을 선발 부대로 보내신다. 그러면서 각 마을에서 평화의 사람을 찾으라고 하신다.

"어느 집에 들어가든지 먼저 말하되 이 집이 평안할지어다 하라 만일 평안을 받을 사람이 거기 있으면 너희의 평안이 그에게 머물 것이요 그렇지 않으면 너희에게로 돌아오리라 그 집에 유하며 주는 것을 먹고 마시라 일꾼이 그 삯을 받는 것이 마땅하니라 이 집에서 저 집으로 옮기지 말라"(눅 10장 5-7).

이것이 예수님의 교회 개척 전략이었다. 예수님은 전도할 때, 포괄적인 접근을 취하지 말라고 권면하신다. 오히려 선발 부대는 '평화의 사람'을 만날 때까지 다양한 가정들을 방문해야 했다.

교회는 예수 그리스도 그분의 삶과 죽음·부활하신 능력에 맞춰 그 삶과 사역을 구체화하고, 부활하신 그리스도의 삶을 본받아 사는 공동체로 부름을 받았다. 이 세상에 대해 교회가 해야할 증언의 본질은 세상에 순응하지 않는 참여이다. 이러한 참여는 세상 속에서 특정한 말과 행동을 나타내고, 세상 속에서 증인으로 존재하고, 세상과 구별되며, 질문들을 이끌어 내고, 가정들에 대해 도전한다. 그리고 세상의 삶이 아닌 그리스도인의 삶을 보여 준다. 세상에 대한 이러한 불순응-그리스도에 대한 순응-은 신약 성경에서 말한, 교회는 "거룩"해야 한다는 의미의 한 부분이다(구더 2013:179).

이 세상에 문화의 중립은 없다. 모든 문화는 특별하다. 교회는 언제나 문화 혹은 문화의 집단 안에 함께 살아간다. 교회의 특정한 공동체들의 절대다수는 그들의 이웃과 언어·음식·어쩌면 의복 양식, 그리고 다른 관습들을 포함한 1차 문화나 그 외의 문화들을 나눈다. 그러나 그들은 그러한 문화를 넘어선 하나님의 새로운 공동체의 문화를 가리키도록 부르심을 받았다.

문화가 없는 복음은 없다. 예수님도 특정 문화의 현장 가운데서 설교하시고, 가르치시고, 치유하셨다. 하나님의 통치의 메시지인 복음은 언제나 어떤 특정한 때와 장소에서 교회가 속한 문화적인 상황 가운데 널리 퍼져 있는 사고의 구조 그리고 그 실천과 소통한다. 그러나 성령에 의해서 진정으로 빚어질 때, 이 메시지 또한 현존하는 문화의 사고 형태와 관례를 넘어서 예수님에 의해 선포된 하나님이 통치하시는 구별된 문화를 가리키게 된다(구더 2013:175).

교회는 언제나 자신을 둘러싼 문화의 언어와 관습에 정통하며, 복음의 언어와 윤리를 향해 살아가는 이유로 인해 이중문화적이다. 교회의 사역들 가운데 하나는 주위의 문화가 이해할 수 있도록 복음을 설명하는 것이다. 이미 그 문화 안에 살아가고 있는 신자들에게는 하나님의 선교적 백성으로서 갖춰야 할 행동과 공동의 정체성을 가지도록 돕는 것이다. 이것이 바로 교회가 세상 속에 있지만 세상의 것이 아닌 모습으로 사는 방법 가운데 하나이다.

교회의 특정한 공동체들은 주변 문화의 현장 가운데서 문화와 관계를 맺으며 살아가지만, 그 문화에 의해 조종되지 않는다. 신실한 교회는 그가 속한 문화적 환경 속에서 지배적인 문화를 비판하고 복음에 반하지 않는 문화의 부분들은 긍정하며, 주변 문화들의 언어로 복음을 말하고, 지속적으로 주변 문화들 안에서 복음을 전달하려고 노력한다. 그리고 세상의 문화가 아닌 하나님의 새로운 공동체의 문화를 육성하고 형성한다. 이런 일을 하는 것이 세상으로 보냄을 받은, 사도적으로 존재하는 것의 한 부분이다(구더

2013:196).

하나님의 통치로 선포되는 교회의 사명은 예배당 빌딩을 넘어서고, 서로 잘 알고 서로 사랑하는 사람들의 안전한 그룹에서 나와 공적인 광장으로 가는 것을 의미할 것이다. 선교적 교회는 좋은 소식과 더불어 세상 안에 존재할 것이다(프로스트 & 허쉬 2009:18).

마이클 프로스트(Michael Frost)와 앨런 허쉬(Alan Hirsch)는 『새로운 교회가 온다』에서 이렇게 말한다. "선교는 그저 교회의 활동이기만 한 것이 아니다. 그것은 하나님의 심장 박동이자 그분의 일이다. 선교 사역의 근거는 하나님의 존재 안에서 찾을 수 있다. 하나님은 인류와 피조 세계가 화해하고 구속되고 치유되는 것을 보고싶은 열망을 가지고 우리를 보내시는 하나님이다"(사인 2014:326-327).

선교학적 해석

문화가 없는 복음은 없다. 교회는 언제나 문화 혹은 문화의 집단 안에, 그리고 문화와 함께 살아간다.

현대의 문화는 포스트모더니즘이다. 포스트모더니즘은 이성주의를 바탕으로 한 모더니즘에 반대되는 감성과 의지를 강조하며 다원주의적 성격이 짙다. 절대 진리나 절대 권위가 없어 모든 것이 상대적이다. 기독교도 많은 비슷한 비중을 가진 여러 진리 중의 하나로 여긴다. 포스트모던 시대의 가장 큰 특징은 대중문화이다. 대중문화란 개인주의와 소비주의 그리고 소유 중심적 삶이 핵심이다.

오늘날의 서구 교회는 포스트모던 시대의 문화에 대한 반응에 따라 대형 교회 즉 메가처치와 선교적·이머징 교회, 그리고 전통적 형태의 교회로 분류할 수 있다. 세상의 문화를 사탄의 문화로 규정한 전통적 형태의 교회들은 현대 문화에 적응하지 못함으로써 대부분 쇠락의 길을 걷고 있다. '더 크고, 더 편리하고, 더 효율적인 것이 좋은 것'이라는 대중문화의 가치를 적극 수용한 메가처치 운동도 기독교의 본질을 잃어버린 채 방황하고 있다.

포스트모던 시대의 교회는 과거의 전통과 유산을 존중하면서도 시대에 맞는 선교적 대응을 하기 위해 다양한 모험과 시도를 감행하고 있다. 변화하지 않는 교회는 점차 그 수명이 다해가고 있는 중이다. 교회 성장 운동 역시 같은 맥락에서 이해될 수 있다. 한때 숫자와 사이즈에 함몰되어 하나님 나라를 위한 순수성이 의심되었던 교회 성장 운동이 새로운 시대를 맞이하면서 선교적 교회 성장이라는 새로운 컨셉속에서 재정비되고 있다. 맥가브란이 외쳤던 복음전도에 기초한 하나님 나라의 성장이 포스트 크리스천(post-christian) 시대를 맞이한 우리들에게 새로운 경종과 도전으로 다가오고 있는 것이다. 본 장에서는 선교적 교회 성장 운동을 이해하기 위해 교회 성장 운동의 이론과 발전·특성을 살피고, 선교적 교회 성장이 이 시대에 갖는 의미와 방향 등을 고찰해 보고자 한다.

*Desire
for a Healthy Church*

제 3 장

교회 성장 운동의 이해

교회 성장 운동의
발전과 특성

1 교회 성장 운동의 태동

'교회 성장'(Church Growth)이란 말은 도날드 맥가브란(Donald A. McGavran)이 1950년대 중반에 가장 먼저 사용했다. 맥가브란은 전도라는 표현을 대신할 말을 찾았다. 일반적으로 전도를 교리문답반과 세례·교인 등록과 쉽게 혼동했기 때문이었다. 맥가브란은 대신 교회 성장이란 표현을 쓰기 시작했다. 맥가브란은 새로운 표현이 전도와 지상 명령의 실천 결과를 더 잘 설명한다고 생각했다. 사람들이 전도를 통해 그리스도를 받아들이고 세례를 받고 하나님 말씀을 배우면 교회는 자란다. 전도란 표현이 잃어버린 영혼에게 전달되는 내용을 강조한다면, 교회 성장이란 표현은 그 결과를 강조한다고 맥가브란은 주장했다(엘머 타운즈 외 2009:47).

맥가브란은 1923년 그리스도 교회 제자파(The Disciples of Christ) 선교사로 인도에 파송 받아 사역을 시작했다(엘머 타운즈 외 2009:45). 그는 인도에서 연합 그리스도 교회 선교협회(The United Christian Missionary)의 실무총무와 회계로 사역했다. 1930년경에 이르러 교단 사역을 평가했는데, 투자되는 인력과 재정에 비해 그 결실이 지극히 적음을 알게 되었다. 당시 맥가브란의 교단에 속한 교회들은 한 교회도 성장하지 않고 있었다(도날드 맥가브란, 조지 헌터 1992:10). 그런데 놀라운 것은 이런 상황 속에서도 다른 교단의 일부 교회들은 성장하고 있었다는 사실이다.

맥가브란은 이런 현상에 대해 의문을 품게 되었다. "하나의 커다란 호기심이 나에게 생겼다. 교회로 하여금 자라게 하는 것은 무엇인가? 더욱 중요한 것은 교회로 하여금 성장하지 못하도록 저지하는 것은 무엇인가? 어떻게 하면 크리스천들이 빈손으로 들에 나가서 큰 수확을 얻을 수 있을까? 교회 성장의 원인은 무엇이고, 교회 성장을 저지하는 장애는 무엇인지에 대한 질문에 해답을 구하는 것이 내 생의 첫째 되는 목적이 되었다."(맥가브란 & 헌터 1992:12).

바로 이런 의문들이 학문으로서 교회 성장학의 시작을 알리는 계기가 되었다. 결국 교회 성장 운동은 "왜 어떤 교회들은 자라지만 또 어떤 교회들은 자라지 못하는가?"라고 질문한 한 사람에 의해 시작되었다. (레이너 1995:17).

맥가브란이 교회 성장을 연구하던 초기에 가장 많이 영향을 받은 사람 중에 하나가 와스콤 피켓(J. Waskom Pichett)이다. 맥가브란은 "나는 감리교회 감독 피켓 덕택으로 교회가 성장하는 문제에 관심을 두게 된 것이다. 1934년 그는 교회가 자란다는 나의 관심에 불을 붙여 주었다."(박찬섭 1990:100)라고 하면서, 피켓이 자신에게 준 영향력을 회고했다. 감리교 선교사였던 피켓은 인도의 중부 지역에서 일어난 집단적 부흥 운동에 대해 연구했다. 피켓의 연구가 1933년 『인도의 그리스도교 집단 운동들(Christian Mass Movements in India)』이라는 책으로 출간되었을 때, 맥가브란은 사람들이 어떻게 집단 운동을 통하여 그리스도인이 되는지를 배우면서 열성 있는 제자가 되었다. 결국, 두 사람은 1936년 다른 두 명의 저자들과 조를 이루어 『교회 성장과 그룹 개종(Church Growth and Group Conversion)』의 제목으로 증보된 연구서를 출판했다(레이너 1995:31-32).

1936년 선교회의 총무 임기가 끝나고 난 뒤, 맥가브란은 다음 17년 동안 교회를 개척하고 교회 성장을 연구하는데 시간을 보냈다. 인도 전역에 걸친 145개 선교기관의 다양한 교회 성장 사례와 집단적 부흥 현장을 조사했다. 1954년에는 한 선교 단체의 도움을 받아 아프리카 지역의 교회 성장에 관해서도 연구할 수 있는 기회를 얻게 되었다.

1960년 초부터 맥가브란은 교회 성장에 대한 연구를 함께 진행할 수 있는 많은 동료를 만나게 되었다. 교회 성장학이 맥가브란에 의해 태동되었지만, 사실상 더 많은 사람들에 의해 발전하고 확장된 것이다. 더불어 맥가브란이 1961년 노스웨스트 크리스천 칼리지(Northwest Christian College)에 교회 성장연구소를 신설하고, 1965년에는 풀러신학교 세계선교대학원(Fuller Theological Seminary)에 초대 학장으로 취임하게 되면서 교회 성장학은 더욱 학문적으로 발전할 수 있는 토대를 쌓게 되었다. 풀러신학교에서 맥가브란은 앨런 티패트(Alan R. Tippett), 피터 와그너(Peter C. Wagner), 아더 글래서(Arthur F. Glasser), 랄프 윈터(Ralph D. Winter) 등과 교류하며 교회 성장에 대해 더 깊이 연구할 수 있었다(맥가브란 & 헌터 1992:14).

풀러선교대학원은 교회 성장 운동의 본거지가 되었다. 풀러가 소재한 패서디나 지역에는 '윌리엄 케리 라이브러리(William Carey Library : 1969년 랄프 윈터가 창립한 교회 성장 문헌 출판사로, 세계에서 가장 크다)', 1970년 창립한 교회 성장 서적 클럽, 1973년 윈 안(Win An)이 창립한 미국교회 성장연구소, 1976년에 증설된 찰스 풀러 전도 및 교회 성장연구소, 선교 고등 연구 및 커뮤니케이션 센터(Missions Advanced Research and Communications Center, MARC), 세계선명회(World Vision)의 전도 및 연구 분과의 봉사회, 1982년 랄프 윈터가 세계의 복음화되지 않은 사람들을 접촉하도록 돕기 위해 창립한 미국세계선교센터(US Center for World Mission) 등이 있었다(톰 레이너 1995:41-42).

특별히 맥가브란이 저술한 두 권의 책은 교회 성장 운동의 토대를 세우는 데 큰 공헌을 하였다. 먼저는 1955년 저술된 『하나님의 교량들(The Bridges of God)』인데, 교회 성장학의 효시가 된다. 이 책은 맥가브란이 교회 성장에 대해 연구했던 초기의 결과들을 반영하고 있다. 특히 복음이 사람과 문화권 사이에서 어떻게 전달되는지에 대한 깊은 통찰이 정리되어 있다. 이 책에 대한 반응은 신속하였다. 부정적이고 긍정적인 반응이 6대륙에서 속속 들이닥쳤다. 가장 유명한 선교학자들의 일부는 열심으로 교회 성장 운동을 받아들였다. 맥가브란은 곧 강사와 연사로 초청받게 되었다. 그는 3년간 7개의 다른 신학교에서 객원 선교교수로 초빙받았다. 그렇게 교회 성장 메시지는 더 폭넓은 청중을 접하기 시작하였다(톰 레이너 1995:37-39). 사실상 이 책을 통해 맥가브란의 교회 성장 운동이 본격적으로 태동하게 되었다.

또 다른 책은 1970년에 출판된 『교회 성장 이해(Understanding Church Growth)』이다. 맥가브란이 미국 기독교선교회의 지원을 받아 1956년부터 라틴 아메리카와 필리핀·태국 등에서 교회 성장 현상을 연구하며 얻은 경험과 자료들을 바탕으로 저술된 책이다. 교회 성장과 관련된 많은 원리를 제시하고 있는데, 맥가브란의 교회 성장학을 총체적으로 살펴볼 수 있는 가장 중요한 저서로 평가할 수 있다.

『교회 성장 이해』는 교회 성장의 '경전'이다. 이 책을 바로 이해하지 않고는 교회 성장을 이해할 수 없다 해도 과언이 아니다. 이 책은 교회 성장 신학·사회학·방법론을 토론하고 촉진시킨다. 『하나님의 교량들』이 교회 성장 운동의 탄생을 알렸다면, 『교회 성장 이해』는 맥가브란 시대를 절정에 이르도록 인도하였다(톰 레이너 1995:42).

2 교회 성장 운동의 발전

피터 와그너는 맥가브란의 교회 성장학을 미국 목회 현장에 적용함으로써, 보다 대중화하는 데에 크게 공헌했다. 맥가브란의 교회 성장학이 주로 선교적인 상황에 초점이 맞춰져 있었다면, 와그너의 교회 성장학은 미국 교회의 목회 현장에 보다 더 초점을 두고 있었다(타운즈 외 2009:22). 와그너는 1972년부터 맥가브란과 함께 미국 내 목회자와 교단 지도자를 대상으로 교회 성장학을 가르치기 시작했다. 와그너는 당시의 상황을 "나는 맥가브란을 미국 목회자들에게 교회 성장의 시험적인 과정을 지도하도록 초청하였다. 그 과정은 미국 교회들에 의해 잘 받아들여졌고, 새로운 의견들이 표출되기 시작했다."(와그너 1987:23)라고 설명한다.

이러한 와그너의 활동을 통해 교회 성장학은 선교 현장뿐만 아니라 미국 목회 현장에도 점차적으로 퍼져 나가기 시작했다. 특히 당시에 교회 성장학을 배운 학생이었던 윈 아안(Win Arn)은 교회 성장학이 대외적으로 알려지는 데 큰 역할을 담당했다. 그는 교회 성장을 위한 각종 영상을 제작했고, 많은 잡지를 발행하여 교회 성장학을 알렸다(맥가브란 & 아안 1987:154-156). 더불어 풀러신학교에서는 교회 성장학과 관련된 목회학 박사 과정을 제공함으로써 교회 성장학을 공부하고 가르치는 일들이 많아지게 되었다.

이러한 성과들을 바탕으로 와그너는 1976년 『당신의 교회는 자랄 수 있다(Your Church Can Grow)』라는 책을 출판했다. 이 책은 미국에서 교회 성장학이 확산되는데 가장 큰 영향력을 준 저술 중의 하나가 되었다(타운즈 외 2009:23). 나아가 와그너는 1984년 풀러신학교에 교회 성장학 전담 교수로 취임하면서, 맥가브란을 이어 교회 성장학에서 주도적인 역할을 담당하게 된다.

와그너는 맥가브란과 동일하게 교회 성장에 있어 복음 전도의 중요성을 강조한다. 그러나 와그너의 교회 성장학은 맥가브란보다 더 실용적이고 영적인 요소들을 강조하는 특성이 있다. 와그너가 교회 성장학을 미국 교회에 적용하자, 차츰 이것이 개교회들을 위한 하나의 도구로 이해되면서 실용적인 접근 현상이 생겨나게 되었다. 이를 통해 교회 성장을 위한 리더십 · 은사 · 조직 등 목회 현실을 더욱 반영한 교회 성장 방법론들이 미국 교회에 제공되기 시작한 것이다.

파블로 데이로스(Pablo Deiros)는 피터 와그너가 1971년부터 풀러선교대학원 교수로서 맥가브란의 교회 성장론을 발전시켰다면서, 다음과 같이 그의 공헌을 평가했다.

첫째로 교회 성장의 이론들을 북미에 적용하기. 둘째로 존 윔버 목사를 풀러선교대학원 교수로 초대(1975년). 셋째로 교회 성장 사역과 은사 위주 사역 개발. 넷째로 영적 전쟁과 영적 도해를 교회 성장 이론으로 도입. 다섯째로 기도 사역의 중요성 강조. 여섯째로 새로운 패러다임의 교회들을 발견하고 개발. 일곱째로 사도적 사역(데이로스 2015:1).

교회 성장 운동은 세 단계를 거쳐 발전했다. 첫 번째 단계는 초창기 개척 시대로, 새로운 원리를 찾아 움직임으로써 기독교회의 성장 저력 혹은 부흥 가능성을 끄집어냈다. 교회 성장학의 개척자들은 주로 학계에 포진해 있었다. 풀러신학교의 맥가브란과 와그너·깁스, 리버티대학의 타운즈, 남서침례신학교의 본, 하딩대학의 이클리, 에즈베리신학교의 조지 헌터, 그리고 교회성장센터의 켄트 헌터와 미국교회 성장연구소의 윈 아안 등도 포함된다.

교회 성장 운동의 두 번째 단계는 주로 현장 사역자들을 통해 이루어졌다. 이들은 대부분 성장하는 교회의 목회자로, 세미나를 인도하고 성장 원리에 대한 책을 냈다. 대표적인 인물로는 윌로우크릭 교회의 빌 하이벨스, 스카이라인 웨슬리안 교회의 존 맥스웰, 새들백 교회의 릭 워렌이 있다. 글과 출판물을 통해 영향을 미친 사람으로는 미주리주 캔자스시티의 나사렛 교단 교회 성장부의 빌 설리번, 버지니아주 린치버그의 교회 성장연구소장 래리 길버트가 있다.

세 번째이자 현재 단계는 교회 성장 운동의 "바벨탑 시대 단계"다. 오늘날 교회 성장 운동은 많은 개인과 단체의 영향을 받고 있다. "바벨탑 시대 단계"란 표현은 성경의 바벨탑 이야기에서 따온 것으로, 서로가 다른 언어로 말하던 시대를 가리킨다. 오늘날 교회 성장 운동은 다양한 지도자들이 등장해서 서로 다른 원리와 방법 들을 강조하며, 교회 성장과 전략에 대해 서로 간에 전혀 다른 이야기를 한다(타운즈 외 2009:65-66).

3 교회 성장 운동의 특성

북미 지역 교회 성장협회는 '교회 성장'을 다음과 같이 정의하고 있다.

"교회 성장은 그리스도 교회들이 하나님 사명의 효과적인 수행을 '모든 족속들 제자 삼음'(마 28:18-20)에 관계시킬 때, 그 교회들의 성격, 확장, 개척, 배가, 기능, 건강을 연구하는 학문이다. 교회 성장 연구자들은 하나님의 말씀을 기초로 도날드 맥가브란(Donald A. McGavran)에 의해 연구되고 이룩된 초기의 공적들을 사용하면서, 이를 현대 사회 및 행동 과학의 첨단 통찰과 연합시키려 한다"(와그너 1987:114).

이 정의는 교회 성장의 기본 요소들을 몇 가지 포함하고 있다. 첫째로 교회 성장은 한 학문이다. 교회 성장 분야에 속한 수강 과목들이 수없이 많은 신학교와 신학대학에서 개설되고, 교회 성장의 교수직이 증가하고 있다. 둘째로 교회 성장은 제자 삼음에 있다. 교회 성장의 핵심, 새로운 그리스도인들이 예수 그리스도의 열매를 맺는 제자로 발전하는 것을 보는 것이다. 셋째로 교회 성장은 하나님 말씀을 기초로 한다. 넷째로 교회 성장은 사회 및 행동 과학을 종합하여 교회들이 성장하는 방법을 결정하도록 돕는다. 다섯째로 현대의 한 운동인 교회 성장은 인도에서 도날드 맥가브란의 사역으로 시작됐다(톰 레이너 1995:21-22).

교회 성장학은 성경적이고 신학적인 논의 위에, 특히 선교학에 그 토대를 두고 있다. 맥가브란은 그의 저서 『교회 성장 이해』에서 교회 성장의 성격을 이렇게 정의했다.

"교회 성장은 교회의 역할들에 명칭을 부여하는 것 이상으로 훨씬 넓고 깊다. 그것은 사람들과 민족들이 어떻게 하면 진정으로 기독교인이 되며, 하나님께서 그들로 하여금 있게 하신 문화들과 주민들을 어떻게 하면 변화시키고 복을 주는가 하는 것을 탐구한다. 교회 성장은 신학과 충실한 성경적 근거 가운데 발생한다. 그것은 언제나 사회 속에서 발생하기 때문에 또한 사회 과학들에 크게 의존한다. 그것은 하나님께서 성장을 허락하신 사례들을 계속해서 추구하며, 그런 다음 축복하사 성장하게 하신 진정한 요소들이 무엇인가, 하고 질문한다"(맥가브란 1987:8).

맥가브란에게 교회 성장이란 일차적으로 선교의 결과로서 주어진다. 그래서 맥가브란은 언제나 "교회 성장은 하나님께 대한 우리의 성실성"(맥가브란 & 헌터 1992:25)에 달려 있다고 강조했다. 교회는 바로 이 세상을 위하여 존재한다. 교회는 항상 두 가지 임무를 지니고 있는데, 그중 하나는 사람들을 그리스도께로 인도하는 것이며 나머지 하나는 그들을 하나님의 은혜 가운데 성장시켜야 한다는 것이다(맥가브란 1987:260). 그렇다면 교회는 반드시 성장하게 되어 있다. 이처럼 맥가브란에게 선교와 전도·성장은 자연스럽게 이어지는 하나의 개념이며, 교회 성장 운동은 선교학을 토대로 세워진 신학적인 성찰이자 결과였다.

맥가브란의 교회 성장학은, 영원하신 하나님은 우리에게 생명을 주기 원하시는 분이란 전제에서 시작된다. 하나님은 잃어버린 하나님의 자녀를 찾아 품기 원하신다는 것이다. 예수 그리스도는 제자들에게 선교의 지상 명령을 주셨다. 그리스도인은 당연히 예수 그리스도를 하나님이자 구원자로 선포해야 한다. 하나님은 모든 사람이 주님의 제자가 되고 하나님 교회의 신실한 지체가 되길 원한다고 신약 성경 자체가 증언한다. 교회 성장학의 두 번째 원리는 현실부터 파악해야 한다는 것이다. 반드시 성장의 원인과 장애를 제대로 연구해야 한다는 것이다. 세 번째 원리는 조사된 사실에 근거해서 구체적인 계획을 세워야 한다는 것이다. 신앙을 제대로 가지고 교회 성장 연구를 했다면 생각에서 멈추지 않고, 구체적인 목표와 함께 세상을 그리스도에게 인도하기 위한 과감한 전략을 개발하면서 새로운 교회를 개척하는 것이 정상이다(타운즈 외 2009:21-21).

권성수는 맥가브란의 교회 성장학을 다음과 같이 요약했다. 첫째로 교회의 성장은 하나님의 뜻이다. 둘째로 교회는 때를 얻든지 못 얻든지 불신자들이 회개하도록 부르는 것을 최고의 대치할 수 없는 과제로 삼아야 한다. 셋째로 교회는 잃어버린 자들을 찾는 복음 전도를 위한 구조를 개발해야 한다. 넷째로 교회는 전도 훈련을 시켜야 한다. 다섯째로 전도할 때는 반응하는 곳에 우선권을 두어야 한다. 여섯째로 동일 집단을 특성화해서 특성을 규정한 후에는 그것이 토착화되기까지 모든 주의를 기울여야 한다(권성수 외 1997:79).

이렇듯 맥가브란의 교회 성장학은 하나님의 뜻으로부터 출발해 현실을 파악하고, 목표를 계획하며, 실현해 나가는 구조로 되어 있다. 교회 성장학은 성경적 토대에서 출발하며, 동시에 사회과학적 방법론을 활용한다. 교회 성장은 하나의 현상이다. 그리고 어떤 현상에는 반드시 원인과 이유가 있기 마련이다. 따라서 교회 성장학은 이러한 사회과학적인 도구들을 사용한다. 더욱이 독특한 문화·관습·신분 계급·토지 제도·언어 등 인간 사회에는 교회 성장에 영향을 미치는 요소가 얼마든지 있을 수 있다. 맥가브란은 "교회 성장이 수많은 인간 사회에서 일어나기 때문에, 교회 성장을 이해하려면 인간 사회의 구조를 이해하는 것이 반드시 필요하다"(도날드 맥가브란 1987:315)고 강조하고 있다.

초기의 교회 성장학은 교회 성장과 정체의 원인을 분석하고 새로운 길을 제시하기 위해 사회 과학적인 방법들을 사용할 수밖에 없는 구조를 가지고 있다. 특히 교회 성장학에서 수적 평가와 접근은 교회의 성장을 객관적으로 파악할 수 있는 유용한 도구로서 적극적으로 권장된다. 그러므로 선교 현장에서 태동한 교회 성장학은 신학적이면서도 동시에 실용적인 특성을 가진 학문이라고 말할 수 있다.

1970년대 중반, 피터 와그너는 교회 성장학의 최소 공통분모로 여섯 가지 전제를 제시했다. 와그너는 다음 여섯 가지 전제 중 하나라도 동의하지 않는 부분이 있다면, 교회 성장 운동을 따른다고 할 수 없다고 주장했다.

1. 성장하지 않는 것은 하나님을 근심하게 한다.
2. 하나님은 수적 성장을 원한다. 하나님은 결신자 수보다는 새로운 신자를 원

한다.
3. 제자는 눈으로 확인되고, 수로 셀 수 있어야 한다. 이를 통해 교인의 수가 늘어야 정상이다.
4. 교회는 제한된 시간과 돈·재원 때문에 보다 효과적인 결과를 낼 수 있도록 전략을 세워야 한다.
5. 사회 과학과 행동 심리학은 교회의 성장을 측정하고 자극하는 중요한 도구다.
6. 성장을 최대화하기 위해서는 조사 연구가 반드시 있어야 한다(타운즈 외 2009:53-54).

1990년 맥가브란이 죽자, 교회 성장 운동을 발전시키는 책임은 피터 와그너에게 옮겨졌다. 와그너는 교회 성장과 관련해 좀 더 영적인 요소를 강조하면서, 기사와 영적 전쟁에 무게를 두기 시작했다(타운즈 외 2009:27-28). 그는 초자연적인 표적과 기사들, 특히 사도들이 사용했던 표적과 기사에 의한 전도 방식에 관심이 컸다. 그래서 1950년 이후 엄청난 성장을 보여준 오순절 교회의 성령 강조에 큰 관심을 갖고, 영적 전쟁이나 성령의 은사 등에 많은 비중을 두었다. 이런 와그너의 관심은 『선교 현장과 영적 전쟁(Wrestling with dark angels)』·『성령의 은사와 교회 성장(Your spiritual gifts can help your church grow)』 등의 저서에 드러나 있다. 이것은 후에 그가 영적 사역 쪽으로 집중하게 만드는 결과를 가져온다.

엘머 타운즈는 교회 성장학이란 표현은 처음부터 다음의 세 가지 독특한 요소를 포함했다고 주장하고 있다.

첫째로 성장은 수적 성장을 의미했다. 교회 성장을 예배 참석자 수와 헌금 총액·세례자 수·정교인 수 등으로 파악하는 것이다. 이런 성장은 눈으로 확인하고, 측정 가능하고, 다른 교회에서도 반복될 수 있는 성장이다.

둘째로 교회 개척을 위해 문화와 계층 분류를 사용하거나 극복한다는 점이다. 교회 성장의 핵심은 전도와 양육을 감당할 새로운 교회를 개척하는 데 있다. 선교 지상 명령의 대상은 "모든 민족"이란 점에서, 교회 성장 운동은 문화적·인종적·언어적 장벽을 파악해서 대처하는 다문화 사역-다문화 교회 개척 운동을 의미한다.

셋째로 교회 성장 운동은 근본적으로 과학적 조사 방법에서 나왔다는 점이다. 다시 말해 교회 성장학은 학문이자 과학이란 뜻이다. 그러나 교회 성장학은 심리학과 인류학, 기타 과학처럼 물질세계만 대상으로 하지 않는다. 교회 성장학은 신앙 고백과 조직 신학에서 출발한다. 성경에서 발견한 진리를 기반으로 과학적 조사 결과를 실제 상황에 적용하는 학문이다. 이 때문에 교회 성장학은 과학과 신학의 연구 방법을 같이 사용한다(엘머 타운즈 외 2009:50-51).

파블로 데이로스는 초기 교회 성장학이 오늘날까지 세계 각국의 교회에 큰 영향력을 주어 왔다고 평가했다. '모든 신자들 특히 평신도 사역의 개발', '예배 형식의 다양화', '메가·셀 처치 등 교회의 구조 변경', '영적 전쟁에 대한 인식', '미전도 종족 운동 확대', '사역에 있어서 통전적 관점', '리더십 훈련', '교회 연합' 등이다(파블로 데이로스 2015:2). 또한 그는 초기 교회 성장 운동의 긍정적 공헌을 다음과 같이 설명하고 있다.

첫째로 교회의 선교적 사명과 존재의 목적에 관심을 갖게 하였다. 둘째로 사역의 효율성과 건강을 향한 도전. 셋째로 효율성 있는 교회의 요소들에 대한 관점, 즉 리더십과 스몰 그룹·동질성·수용성·예배 형식 등에 관심이 높아졌다. 넷째로 교회 리더십 스타일과 효율성. 다섯째로 복음 선포에 있어서 시대적 적용과 효율성. 여섯째로 사역에 있어서 세대 차이의 화합 역할. 일곱째로 변화를 향한 도전(파블로 데이로스 2015:2).

4 교회 성장 운동의 논란

교회 성장 운동이 시작된 이래로, 교회 성장학의 신학과 방법·원칙에 대한 논란은 매년 끊이지 않았다. 1970년대에는 수적 증가와 집단적 전도 운동의 정당성과 전략적 접근의 필요성에 대해 논란이 일었다. 1980년대에는 참다운 교회 성장의 의미 정의, 소통 이론과 경영 이론의 도입 여부, 복음은 선포할 것인지 설득해야 할 것인지에 대해 논란이 이어졌다. 1990년대에는 구도자 배려 정도, 성도의 감성적 필요를 채워 주는 문제, 교회 마케팅 전략에 대해 논란이 일었다. 그리고 여전히 많은 관심과 논란이 이어지고 있다(타운즈 외 2009:31-32).

존 본은 교회 성장 운동이 현재 다음과 같은 이유로 비판받고 있다고 주장한다.
1. 지금의 교회 성장 운동은 도날드 맥가브란이 세운 원리를 포기했다.
2. 너무 실용적으로 치우쳐 성경을 무시하고, 수단과 방법을 다해 교회만 성장시키면 그만이라는 생각이 보인다.
3. "사용자 맞춤" 교회 개념이 보여 주는 것 같은 복음을 현대적 감각에 짜깁기하는 것을 반대한다.
4. 사람들의 "피부에 와 닿는 필요"를 반영하려다, 실제로는 복음을 필요에 짜 맞추고 있다.
5. 교회 성장 운동은 연구 결과를 객관적이고 학문적으로 검증하는 노력(특히 통계적 조사를 통해 증명하는 노력)을 소홀히 하고 있다.
6. 성경적 설교와 교수법보다는 청중의 설교 반응도 조사, 교회 전체 이미지 선전에 대한 집착, 통계적인 성장, 재정적인 이익, 일반 여론 조사, 지도자의 스타 이미지 개발, 10대 교회 순위 안에 드는 것에 더 많은 관심을 가지고 있다.
7. 믿지 않는 이들에게 다가가기보다는 기존 성도들을 "교회로 끌어들이는" 일에 더 열심이다.
8. 정통 신학을 가르치는 교회와 잘못된 신학을 가르치는 교회의 성장이 가진 질적 차이를 구분하지 못한다.
9. 교회의 크기를 성공의 기준으로 삼고 있다(타운즈 외 2009:68-70).

교회 성장 운동에 대한 가장 큰 비판은 수단과 목적이 바뀌었다는 것이다. 성장 자체가 교회의 궁극적인 목표가 되다 보면, 수단과 방법을 가리지 않고 교회의 양적인 성장을 추구하는 문제를 야기한다. 교회 성장 운동이 숫자를 강조하다 보니 결국 숫자 숭배로 나갔고, 이것은 통계적 성공 철학과 교회 성장의 우상화로 이어진다는 것이다.

사실 초기의 교회 성장 운동은 선교학의 토대 위에서 양적 성장과 질적 성장의 조화를 위해 끊임없이 노력했음을 알 수 있다. 그러나 사회 과학적인 접근과 개교회 중심적 사고, 방법론 중심의 성장 이해는 점차적으로 교회 성장의 본질보다는 현상에 치중하도록 만들었다. 초기 교회 성장 운동이 교회 성장의 보편적인 원리를 찾아내는 데 초점을 맞춰 왔다면, 불행히도 이후 상황은 주로 새로운 기술과 프로그램 혹은 방법론으로 초점이 옮겨졌던 것이다(엘머 타운즈 외 2009:63). 교회 성장 운동이 성경적 원리를 찾는 본질적 성격을 상실했을 때, 교회는 '수량 중심·방법 중심·결과 중심'이라는 비성경적인 문제들에 직면하게 된다.

교회가 수적 평가에 집착하게 되면, 그때부터 교회 목적에 대한 가치 전도 현상이 일어나게 된다. 양적 거대주의와 물량적 비만주의·성공 지향주의로 치닫게 되는 것이다(권성수 외 1997:183). 그래서 수적 성장은 자연스럽게 교회의 제일 첫 번째 목적이자 무슨 일을 해서라도 달성해야 할 목표로 전락하고 만다. 성경은 교회가 수적으로 성장했음을 일관되게 보여 주고 있다(행 2:41, 2:47, 4:4, 5:15, 6:7, 9:31 등). 그러나 이것은 결과로서 자연스럽게 주어지는 것이었다. 그들이 3천 명을 목표로 설교했다든가 5천 명을 목표로 전도했다든가 하는 기록은 전혀 나와 있지 않다. 수적 목표는 그들에게 제시되지 않았다. 그들에게 복음은 '언제나·누구라도'였다. 하나님 나라의 복음을 가지고 눈앞에 있는 사람들에게 집중하다 보니 결과적으로 교회가 성장하게 된 것이다.

파블로 데이로스는 교회 성장 운동에 있어 "진정한 성장이 있었는가? 그리고 우리가 진정 원하고자 한 결과들을 볼 수 있었는가?" 하는 의문을 제기하고 있다. 또한 교회 성장 운동이 '세상과 타협', '하나님께 의지하기보다 세상적 방법과 권력에 의지', '상황과 은사와는 상관없는 모델들의 복제', '협력 사역보다는 경쟁 체제', '목회자들의 CEO 개념', '우선순위 혼동' 등의 부정적 요소를 가져왔다고 지적했다(데이로스 2015:3).

교회 성장 운동은 교회로 하여금 복음 전도 사역이나 교회 목회 활동에 있어서 이전부터 해 오던 방식을 아무런 평가나 반성 없이 그냥 어떻게 되겠지 하던 안이한 방식을 떨쳐 버리고, 시대적이고 상황적이며 결실을 맺는 유효한 방법을 찾도록 체계적인 관점을 갖게 했다는 면에서 긍정적인 평가가 가능하다. 하지만 지나치게 물량 중심적인 효과만을 추구함으로써, 어떻게 해서든지 기대하는 결과만 얻으면 된다는 소위 "거룩한 실용주의"에 빠져들었다. 경영 테크놀로지와 마케팅 기법을 적극 도입한 교회 성장학은 하나님 나라 전체의 성장이라는 관점보다는 "내가 사역하는 교회의 성장", 즉 자기 중심적이고 이기적인 교회 살찌우기 방법론에 빠져 버렸다. 이것은 복음 신앙을 인간적이며 물량적인 종교로 바꿔 버렸다. "시장 원리의 목회적 적용"이라는 접근을 통해 목회 활동의 활성화가 단지 인간의 지혜와 수단으로 가능한 것처럼 인식되어 사실상 하나님의 능력을 배제하는 결과를 가져온 것이다(복음주의실천신학회 2012:56).

교회 성장학은 교회 성장에 모든 것을 맞춘 결과, 사람들이 싫어하는 것들을 피하는 반면 사람들이 좋아하는 것들만 하는 경향이 있다. 이 점이 마케팅의 기본 원리와 통한다. 예수님도 사람들의 육신적인 필요를 충족시켜 주셨으나 거기서 멈춘 것이 아니라, 참된 만나와 음료이신 예수님 자신을 먹고 마시라고 말씀하셨다. 예수님은 육신적 필요에만 관심을 두는 군중을 책망하시면서 영생의 도리를 제시하신 것이다(권성수 외 1997:87).

에디 깁스(Eddie Gibbs)는 수적 성장을 추구하는 시장 중심적 교회 성장 방법론은 다음과 같은 위험을 드러낸다고 주장했다. 첫째로 복음을 다른 사람에게 전하는 과정에서 성공에 대한 환상을 심어 줄 뿐만 아니라 불신자에 대한 그리스도인의 관점을 왜곡한다. 교회의 사명이 선교적 사명의 부름에 의하지 않고, 숫자적인 성공으로 추락할 수 있다. 둘째로 복음의 메시지를 개인적인 욕망의 충족 수단으로 바꾼다. 만약 복음이 수단으로 전락한다면 그 욕구가 충족되자마자 복음은 폐기될 것이다. 셋째로 교회의 순수성마저 위태롭게 한다. 교회의 목표를 결정하는 것은 고객이 아니라 주님이 되어야 하며, 교회는 그분을 위해 경배하도록 부름받았다. 우리는 모든 사람들에게 적용될 일을 하여야 하나 최대한 많은 사람을 만족시키기 위해서가 아니라, 그들 중 몇몇 사람을 구원하기 위해서 한다(깁스 2003:54-60).

더 근본적인 부분에서 교회 성장학이 논란의 대상이 되는 이유는 '성장'이란 단어가 가지는 의미에 있다. 하나님 나라의 복음을 토대로 세워진 교회는 존재론적으로 성장해야 한다. 때문에 '하나님은 그의 교회가 성장하길 원하신다'는 사실을 부정할 사람은 없다. 문제는 어떤 종류의 성장이냐에 달려 있다. 교회의 바른 성장이란 언제나 성경적 원리에 적합해야 하며, 하나님 나라의 복음에 기초한 통전적 성장일 때 의미가 있다. 따라서 교회는 그 존재도, 성장도 모두 하나님의 나라 위에 토대를 두고 있어야 한다. 양적 성장보다 질적 성장인 하나님 나라 백성으로의 성장에 초점을 맞추어야 한다는 것이다.

자연적 교회 성장
운동의 발전과 특징

1 자연적 교회 성장 운동의 태동

교회 성장학에 대한 대안으로 교회의 건강, 다시 말해서 교회의 성숙을 강조하는 것이 바로 '자연적 교회 성장(NCD, Natural Church Development)'이다. 교회가 먼저 질적으로 건강해지면 성장은 자동적으로 따라올 것이라는 주장이다. 다시 말해서 '건강한 교회'를 만들기 위해서는 성장한 교회의 모델을 찾아 그대로 지역 교회에 접목하는 것이 아니라, 건강한 교회들이 갖고 있는 공통적인 원리들을 추출하여 그 원리를 지역 교회에 적용해야 한다는 것이다(김성곤 2001:30).

NCD의 기초 이론은 크리스티안 슈바르츠(Christian A. Schwarz)가 독일 정부의 지원을 받아 연구한 내용이다. 그는 1994년부터 1996년까지 육대주 32개국 1,000개 교회를 대상으로, 각 교회마다 30명의 설문지를 통해 작성된 420만 개의 응답을 분석 조사하여 연구하였다. 그리고 건강한 교회 성장을 위해서는 여덟 가지의 질적 특성을 지녀야 한다는 연구 결과를 제시하게 되었다.

여기서 슈바르츠가 '자연적 교회 성장'이란 이름을 붙인 것은 자연 신학적 해석이 아니라, 창조주 하나님이 지으신 자연으로부터 배운다는 뜻이다. 자연으로부터 배우는 것은 하나님의 창조로부터 배운다는 뜻이다(슈바르츠 1999:8).

자연적 교회 성장의 원리는 '유기체적 성장 법칙'과 '자생 조직의 원리'를 적용한 것이라 할 수 있다. '유기체적 성장 법칙'이란 열매를 생산하는 데 있어 뿌리를 무시할 수 없는 것처럼, 교회 성장의 뿌리와 열매를 함께 연구하는 것을 말한다. 또한 생명체가 땅속에서 움직이고 있다는 사실, 즉 흙의 성분과 뿌리 조직의 역할, 벌레들이 미치는 영향 등을 놓치지 않는다면 우리는 하나님의 창조 법칙을 적용하여 자연적으로 성장하는 한 가지 원리를 발견할 수 있는데, 그것이 바로 '자생 조직의 원리'이다. 그러므로 슈바르츠가 말하는 '자연적 교회 성장'이란 하나님 자신의 교회를 성장시키는 자연적 잠재력을 풀어놓는 것과 이에 더하여 인간의 모든 노력에 초점을 맞추는 것이다(슈바르츠 1999:10).

2 자연적 교회 성장 운동의 특성

슈바르츠가 말하는 '건강한 교회에 꼭 필요한 여덟 가지 질적 특성'은 다음과 같다.

첫째로 사역자를 세우는 지도력(Empowering Leadership)이다. 성장하는 교회의 지도자는 사역을 위해 다른 그리스도인들에게 기회와 권한을 부여하는 일에 중점을 둔다. 교인들을 섬기며 그들로 하여금 하나님께서 부여해 주신 영적 잠재력을 개발하여 쓸 수 있도록 돕는다(슈바르츠 1999:22-23).

둘째로 은사 중심적 사역(Gift-oriented Ministry)이다. 은사를 따라 섬길 때, 인간의 힘으로 하는 부분이 줄어드는 대신, 성령의 능력 안에서 이뤄지는 일은 더 많아지게 된다(슈바르츠 1999:24-25).

세 번째로 열정적 영성(Passionate Spirituality)이다. 성장하는 교회의 핵심적 요소는 성도들이 기쁨과 열정으로 헌신과 믿음의 삶을 살고 있는가, 즉 '열정적 열성'이 있는가 하는 점이다. 교회 성도들이 다른 사람들에게 영향을 주는 열정으로 믿음의 삶을 살고 그 믿음을 다른 사람들과 나누는 것을 배우지 않는 한, 그 교회는 성장을 기대할 수 없다(슈바르츠 1999:26-27).

네 번째로 기능적 조직(Functional Structure)이다. 건강한 교회들은 공통적으로 그 조직의 설립 목적과 취지에 부합하는 어떤 기능적 구조를 갖고 있다. 지도자는 단지 어떤 조직을 이끌 뿐 아니라, 또 다른 지도자들을 양성해야 한다(슈바르츠 1999:28-29).

다섯째로 영감 있는 예배(Inspiration Worship service)이다. 성령이 진정으로 역사할 때, 예배 분위기는 물론 예배 절차에 구체적인 변화가 일어난다.

진짜 '영감 있는' 예배에 참석하는 사람들은 "교회 가는 것이 즐겁다"고 말하게 된다(슈바르츠 1999:30).

여섯째로 전인적 소그룹(Holistic Small group)이다. 단순히 성경 구절을 공부하는 데 그치지 않고 그 구절의 메시지를 매일의 삶에 적용시키는 전인적인 소그룹이 되어야 한다. 소그룹 안에서는 사람들이 자기가 실제 처해 있는 개인적인 문제나 질문들을 내어놓을 수 있어야 한다(슈바르츠 1999:32-33).

일곱째로 필요 중심적 전도(Need-oriented Evangelism)이다. 교회 성장의 열쇠는 교회가 전도의 초점을 불신자들이 당면한 문제와 필요를 충족시키는 것에 맞추는 데 있다(슈바르츠 1999:34-35).

여덟째로 사랑의 관계(Loving Relationship)이다. 사랑이 부족한 곳에서는 어디서나 교회가 더 성장할 수 없도록 심각한 방해를 받는다(슈바르츠 1999:36-37).

NCD의 핵심 내용은 '여덟 가지 질적 특성', '질적 특성의 점수가 높은 교회는 성장한다는 이론', '65점 이론', '생명체 원리', '양극적 이론' 등이다. 이 중에서 가장 핵심은 양극적 이론이라 할 수 있다. 왜냐하면 양극적 이론은 NCD의 패러다임을 이루고, 이를 기초해 생명체 원리나 여덟 가지 질적 특성을 높이기 위한 최소치 이론 적용이 가능하기 때문이다.

'양극적 사고방식'이란 일원론이나 이원론, 또는 방법 지향적 패러다임이나 영성 지상주의적 패러다임을 벗어나서 자유를 얻고자 하는 것이다. 즉 양극적 신학에서 비롯되는 제반 문제들에서 벗어나자는 것이다. 슈바르츠는 양극적 이론을 뒷받침하는 말씀으로 고린도전서 3장 6절 "나는 심었고 아볼로는 물을 주었으되 오직 하나님께서 자라나게 하셨나니"를 제시한다. 양극적 이론은 사람은 심고 물 주고 수확을 거둘 수 있으나, 성장시키는 것은 사람이 할 수 없다는 지극히 당연한 논리로 함축되어 있다. 교회 사역의 제도적 측면을 하나님의 원리들과 잘 조화되도록 하는 데 힘과 에너지를 투자하여, 유기체적 측면이 방해받지 않고 건강하게 자라나도록 해야 한다는 것이다. 그러기 위해서는 자생적 원리를 이해하고 자연적 성장의 바탕이 되는 8대 특징을 면밀히 관찰하여 분석, 적용하는 토양 정지 작업을 해야 한다는 것이다. 뿐만 아니라 수치로 평가하는 것이 무리가 있을지라도 평가의 근거를 주는 수치는 다음에 시도할 방향을 제시할 수 있다. 그래서 비교적 건강한 수치로 판별할 수 있는 방법을 8대 특징이 평균 65점 이상인 교회의 토양을 모델로 한다. 그리고 이를 기준으로 부족한 분야를 최소치라 하고, 가장 높은 점수를 최대치라 부른다(슈바르츠 1999:84-100).

자연적 교회 성장이란 더 많이 일하는 것을 의미하는 것이 아니다. 오히려 그것은 덜 수고하면서 필요한 일은 더 할 수 있게끔 해 준다. 우리의 한정된 능력을 영적으로 전략적인 핵심 요소들에 집중시켜야만 한다. 이를 위해 두 가지 접근 방법을 쓰는 것이 가장 바람직한데, 교회가 현재 갖고 있는 강점을 사용하여 그 교회의 약점을 보완시키는 것이다. 한 교회의 최대 강점이 '은사 중심적 사역'이고 최소치 요소가 '필요 중심적 전도'일 경우, "우리의 영적 은사들은 더 이상 중요하지 않아! 그러니까 이제부터 우리는 오직 전도에만 힘쓸 거야!"라고 말하는 것은 잘못이다. 이렇게 하는 것은 정말 비생산적인 전략일 따름이다. 이렇게 최소치를 발견하여 보완하고 최대치를 강화시키는 일이 건강한 교회로 변환하는 과정이라고 할 수 있다.

  자연적 교회 성장 이론 가운데 눈여겨보아야 할 특징은 세 가지 정도로 요약된다. 첫째로 자연적 교회 성장은 단지 실용적이기만 하고 비신학적 접근에 치중하여 '목적이 수단을 정당화한다'는 인식을 거부하고 원리 중심적으로 출발한다는 것이다. 둘째로 자연적 교회 성장에서는 숫자적 접근, 즉 "어떻게 하면 예배에 더 많은 사람을 끌어들일 수 있을까?"에 관심을 두지 않고 교회 성장의 열쇠가 되는 교회 생활의 질적 특성을 살핀다. 마지막으로, 자연적 교회 성장은 교회 성장을 인위적으로 "만들어 내는" 시도를 하지 않고 자연적 성장을 풀어놓아 하나님 자신이 교회를 세우시도록 한다는 점이다. 이를 위해 방법 지향적 사고방식, 즉 조직과 프로그램·방법 등의 중요성을 과대평가하지 않고 오히려 영성 지향적 사고방식, 즉 생명체적 사고방식과 접근 방법을 중시한다. 자연적 교회 성장 이론은 교회의 물량적 성장 자체보다도 한 영혼, 한 영혼을 돌보고 성장시키는 것을 중시하고 그에 따라 자연스럽게 뒤따라오는 결과로서의 양적 성장을 기대하는 입장이 좀 더 강조되고 있는 셈이다(복음주의실천신학회 2012:332-333).

3 자연적 교회 성장 운동의 비판

게리 매킨토시는 자연적 교회 성장론에 대해 이렇게 비판하고 있다. "자연적 교회 성장의 저자는 교회 성장 운동을 반대한다고 하지만, 책의 내용은 교회 성장 운동의 특징인 교회 현장 조사 내용을 담고 있다. 그것도 역사상 가장 광범위하게 이루어진 조사로 말이다. 교회 성장학 저서들을 읽어 본 독자라면, 슈바르츠의 건강한 교회의 여덟 가지 특징이 실제로는 1970-80년대 교회 성장학자들이 밝혀낸 내용을 반복한 것에 불과하다는 사실을 눈치챘을 것이다. 자연적 교회 성장 운동을 따르는 목회자와 교단 지도자 대부분은, 자신들이 교회 성장학을 거부하고 새로운 뭔가를 받아들였다고 믿는다. 아마도 이들은 교회 성장학이 이미 너무 깊이 스며든 나머지, 그것을 이용하고 있다는 사실조차 모르고 있는 것이다!"(타운즈 외 2009:30-31).

실제로 자연적 교회 성장이 주장하는 '건강한 교회의 8대 질적 특징'은 슈바르츠가 비판하고 있는 교회 성장학의 거두인 피터 와그너의 '건강한 교회의 역동적 7대 특징'과 다를 바 없다. 자연적 교회 성장이 주장하는 '건강한 교회의 8대 질적 특징'은 사역자를 세우는 지도력, 은사 중심적 사역, 열정적 영성, 기능적 조직, 영감 있는 예배, 전인적 소그룹, 필요 중심적 전도, 사랑의 관계 등이다. 반면에 피터 와그너의 '건강한 교회의 역동적 7대 특징'은 목사의 지도력, 성령의 은사를 적극 개발하고 활용, 교인들의 욕구와 기대를 충족시키기에 부족함이 없는 넓은 주차장과 예배 공간, 교통이 편리한 곳, 대예배와 모임과 세포 조직이 능동적으로 이루어진 교회, 교인들이 동질

단위로 형성될 때, 제자화, 구령열 등이다.

여기에 찰스 밴 앵갠(Charles Van Engen)은 자연적 교회 성장 이론의 핵심을 이루는 '건강한 교회의 8대 질적 특징'에는 문화와 상황에 대한 배려가 거의 보이지 않는다고 비판했다. 일곱 번째 특징인 '필요 중심적 전도' 외에는 전적으로 내부 문제만 다루고 있다면서, '외적·문화적 조건을 무시하는 태도는 자연적 교회 성장이 가진 가장 큰 약점 같다'는 것이다(타운즈 외 2009:180-181).

자연적 교회 성장론은 방법 지향적인 교회 성장론의 한계점과 단점을 극복할 수 있는 새로운 대안이 될 수 있다. 방법 지향적 사고나 영성 지상주의적 사고가 아닌, 중용적이며 통합적인 양극적 사고가 그것이다. 그러나 자연적 교회 성장론 역시 그 독특성을 확보하기 위해 극단적 사고를 하는 것은 아닌가 생각한다. 기존의 성장론들이 방법과 영성을 양자택일적으로 주장하는 극단적인 입장에 있는 것으로 취급하는 것이 그렇다. 그들의 차이는 양극의 차이가 아니라 오히려 강조점의 차이로 이해할 수 있을 것이다. 양자택일적인 사고는 일부 극단주의자들의 입장이지, 일반적인 입장은 아니라고 생각된다. 따라서 양극적 사고는 새로운 패러다임이라기보다 이미 존재하고 있는 중도적 패러다임일 것이다.

자연적 교회 성장론은 전 세계 1,000개 교회를 대상으로 한 설문지 조사를 통계학적으로 이끌어 낸 교회 성장 이론으로 이해된다. 경험적인 접근 방식에 의존하고 있다는 것이다. 또한 설문 조사를 연구해 발견한 '건강한 교회의 여덟 가지 질적 특징'을 성경적 원리라 부르고 있다. 그 원리가 성경의 전반적인 교훈과 조화를 이루고 있다고 보기 때문이다. 그리고 이 질적 특징이란 기준에 따라 건강한 교회인지, 건강하지 않은 교회인지를 판단하고 있다. 건강한 교회의 여부는 성경적 교회관을 기준으로 판단해야만 할 것이다. 따라서 성경적 진술을 출발점으로 하지 않고 경험적 발견을 출발점으로 한다는 점에서, 자연적 교회 성장론이 비성경적 방법론을 따르고 있는 것은 아닌지 의문이다. 또한 교회의 성숙과 건강만을 강조하다 보면, 교회가 '교제와 친교 과다증'에 빠지기 쉽다. 자칫 교회의 내부적 만족이나 결속만 다지기 쉽고, 나아가 교회의 선교적 사명의 역동성이 약화될 가능성이 높다.

자연적 교회 성장론의 통계학적 분석이 지역적 특수성과 문화, 환경적 상황을 얼마나 고려하고 있느냐 하는 것도 문제로 지적할 수 있다. 자연 세계에서도 토양과 환경 조건에 따라 잘 자라는 나무의 종류가 다르다. 따라서 땅속에 네 가지 무기물만 있으면, 성장이 저절로 이루어진다는 주장은 성장 요인을 지나치게 단순화한 것이 아니냐는 것이다. 왜냐하면 나무의 성장에는 토질과 함께 외적 환경도 많은 영향을 미치고 있기 때문이다.

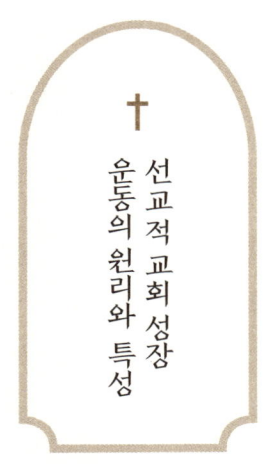

선교적 교회 성장
운동의 원리와 특성

 북미와 유럽에서 새로운 교회 성장 운동이 전개되고 있다. 사회적 영향력이 급속하게 약화되고 성도가 급감하면서, 북미와 유럽의 신학자와 목회자들이 교회의 본질과 정체성을 고민하면서 만들어 내고 있는 교회 성장 운동이다.

1 선교적 교회 성장 운동의 원리

 선교적 교회 성장 운동의 가장 큰 원리는 삼위일체 하나님을 선교의 주체로 보는 것이다. 최동규는 "전통적 교회는 선교를 교회와 인간의 활동으로 보아 왔으며, 그동안 수많은 선교 행위가 하나님의 뜻과 상관없이 단지 교회의 선교, 심지어는 교회 또는 선교 지도자들의 의지와 욕심에 의해 이루어졌다"(한국선교신학회 2015:176)고 말한다. 교회와 인간이 선교의 주체가 됨으로 인해, 분열과 부패 등이 만연해짐으로써 오히려 선교의 최대 장애가 되어 버린다는 것이다.

선교적 교회에서 선교는 삼위일체 하나님의 파송이다. 성부 하나님이 성자 하나님을 이 땅에 파송했고, 성부와 성자 하나님이 성령 하나님을 파송한 것이다. 이는 선교를 교회의 파송 또는 인간의 파송으로 보던 방식을 대체하는 것이다. 선교적 교회의 핵심 개념은 교회의 재량적 판단을 버리고, 삼위일체 하나님께서 공급하실 것을 믿고 하나님만 의지하며 선교하는 것이다. 선교를 하나님의 사역으로 보는 것이다. 따라서 교회는 하나님의 사역인 선교에 도구와 수단으로 참여하는 것뿐이다.

이 하나님의 선교는 하나님께서 아브라함을 갈대아 우르에서 불러내시는 창세기 11-12장에 근거한다. 하나님은 아브라함에게 "가서… 복이 되라"고 명령하신다. "여호와께서 아브라함에게 이르시되 너는 너의 고향과 친척과 아버지의 집을 떠나 내가 네게 보여 줄 땅으로 가라 내가 너로 큰 민족을 이루고 네게 복을 주어 네 이름을 창대하게 하리니 너는 복이 될지라"(창 12:1-2). 여기서 아브라함의 존재 목적은 '부름을 받은 자'이다. 하나님은 선교의 주체이시고, 아브라함과 그의 후손은 세상으로부터 부름을 받은 자들이다. 선교의 주체는 교회가 아니라 하나님이시다. 선교는 하나님의 속성으로부터 표출되는 하나님의 활동이다. 바로 '하나님 중심의 선교'인 것이다.

아브라함의 또 다른 목적은 '보냄을 받은 자'이다. 아브라함이 부름을 받은 이유는 아브라함 자신의 구원이나 복이 아니다. 아브라함을 부른 하나님의 궁극적 목적은 아브라함이 열방의 복이 되는 것이다. 최동규는 "교회 공동체는 모든 사람을 구원하시려는 하나님의 원대한 계획을 수행하는 도구로서 존재한다. 교회가 태생적으로 선교적 본질을 가지게 된 이유는 바로 이것이다. 교회는 처음부터 하나님의 선교를 수행하기 위해 만들어졌다"(한국선교신학회 2015:177)고 강조한다.

선교적 교회 성장 운동의 두 번째 원리는 교회는 건물이 아니라 성도들의 공동체라는 것이다. 언제부터인가 교회라고 하면 예배당 건물을 떠올리게 되었다. 이는 인본주의와 물질지상주의에 '더 크고 더 많은 것이 좋다'는 포스트모던 사상의 영향이 더해진 것으로 보인다. 그리고 그 건물을 성전이라고 부른다. 그래서 각 교회마다 '성전 건축'을 위한 헌금을 하기도 하고 "하나님이 거하시는 곳은 이렇게 허름한데 너희들이 사는 곳은 그렇게 화려해서야 되겠는가?" 하면서 헌금을 강요하기도 한다. 교회를 건물로 생각하게 되면서 온갖 치장에 나서게 되었다. 건물을 크고 화려하게 짓고, 그 건물 안을 최고의 장식으로 꾸민다. 따라서 교회의 주인은 담임 목사이다. 목회의 성공이 예배당 크기로 결정되는 오늘의 상황이 이를 잘 대변해 주고 있다.

성경은 교회를 '에클레시아' 즉 "거룩한 무리 · 하나님의 백성"이라 말하고 있다. 바로 예수 그리스도를 따르는 성도들이 교회라는 것이다. 성경은 교회를 가리켜 예수님이 피 값을 주고 사신 것이라 한다(행 20:28). 그런데 만일 이 건물이 교회라면 예수님이 피로 이 건물을 사신 것이란 말이 된다. 따라서 교회의 주인은 예수 그리스도이시다.

그렇다면 우리들이 교회라고 부르는 장소와 건물은 무엇인가? 성도들이 모여 예배를 드리는 장소는 예배당이라고 하는 것이다. 또한 이 예배당을 성전이라고 부르면 안 된다. 성전이라는 말은 하나님이 계신 전이라는 뜻이다. 지금 하나님은 어디에 계신가? 구약의 이스라엘에서처럼 성전에 계신가? 아니다. 바로 우리 안에 들어오시지 않았는가? 그러면 성전은 어디인가? 바로 우리의 몸이 성전이다(고전 3:16). 따라서 우리 성도들 자신이 교회이며 성전이다. 성도가 교회이며 성전이 된 것은 예수 그리스도의 십자가 때문이다. 예수님은 자신을 가리켜 성전이라 하셨다(요 2:19-21). 성도는 그 안에 연합되어진 자들이다. 참성전이신 예수님 안에서 구원을 받은 자들이라는 말이다. 그렇게 해서 성도는 하나님이 거하실 수 있는 성전이 된 것이다. 결국 '교회·성전'은 건물을 이야기하는 것이 아니다. 교회는 하나님의 백성, 성도들을 가리키는 말인 것이다. 성도들이 교회이며 성전인 것이다.

최동규는 '교회는 성도 곧 사람(들)이다.'라는 표현은 구체적으로 다음 두 가지 의미를 내포한다고 말한다. 첫째, 교회는 예수 그리스도에 대한 신앙을 고백하고 그에게 순종하는 사람들로 구성된다. 둘째, 교회는 예수 그리스도의 이름으로 모인 신자들의 공동체를 가리킨다.

신앙 고백과 순종, 그리고 공동체 이 두 가지는 교회의 구성 요건 중에서 핵심적인 역할을 한다. 공동체로 존재하는 교회는 그리스도 안에 있어야 하며 더 나아가 그리스도께서 교회 안에 계셔야 한다. 그렇게 함으로써 진정한 신앙 고백과 순종이 가능해진다. 따라서 교회는 공동체로서 존재하는 그리스도 안에 있는 '사람들'로 구성된다(한국선교신학회 2015:179-180).

선교적 교회 성장 운동의 세 번째 원리는 '와서 보라'에서 벗어나 '세상 속으로' 들어가는 것이다. 많은 교회들이 교인 수를 늘리고, 건물을 크게 짓는 것을 교회의 본분으로 생각하고 있다. 교인 수를 늘리는 것이 복음을 전하는 것이라는 논리다. 건물을 크고 화려하게 짓고, 각종 프로그램을 열면 사람들이 몰려올 것이라는 생각도 같은 논리이다. 더 크고 더 많은 것을 갖추었으니, 자신이 필요한 종교적 상품을 구입하고 소비하기 위해 교회로 오라는 것이다. '마케팅·백화점 교회'의 전형적인 행태다.

지금까지 기독교 신학은 '와서 보라'의 모이는 교회만 강조해 왔다. '세상 속으로'의 찾아가는 교회에는 별로 관심을 두지 않았다. 그러나 교회의 본질 곧 교회의 존재 목적은 세상 속으로 나아가 복음을 전파하는 데 있다. 매력적인 건물과 환경·프로그램을 만들어 사람들로 하여금 찾아오게 만드는 것은 교회의 본질이 아니다. 성경은 세상을 향해 적극적으로 나아가라고 말하고 있다. '와서 보라(Come-To-Us)'가 아닌 '찾아가라(Go-To-Them)'는 것이다. 바로 이 '세상 속으로'의 찾아가는 교회가 선교적 교회의 양상을 드러낸다.

선교적 교회 성장 운동의 네 번째 원리는 개인주의적 탈육신의 영성에서 벗어나 예수 그리스도의 성육신의 영성을 본받는 것이다. 전통적 교회는 교회와 세상·성과 속·나와 너를 구분하지만, 선교적 교회는 이원론이 아닌 문화와 세상에 참여하는 메시아적 영성을 중요하게 여긴다. 영성이란 신령한 품성이나 성질을 말한다. 탈육신이란 말은 예수님의 성육신에 반대되는 표현이다. 탈육신의 특성은 인본주의의 이성과 합리성에 근거한 추상적 영성에 그 뿌리를 두고 있다. 이성과 합리성에 근거한 성경 공부와 설교 · 학문적 신학과 신조 등이 신앙 성장과 영성 개발을 위한 핵심적 사항으로 떠오르게 되었다. 이는 경험과 체험 중심의 신앙을 약화시켰다. 그리고 믿음과 삶의 불일치라는 심각한 결과를 낳았다.

성육신이란 예수님이 육신을 입고 이 세상에 오신 것을 말한다. 성육신의 영성이란 이 세상에서 하나님의 뜻과 목적 · 계획을 위해서만 사셨던 예수님의 품성을 그대로 닮아 가는 삶이다. 그것은 바로 겸손과 용서와 긍휼과 온유함과 오래 참음과 자비와 원수를 사랑하는 십자가의 삶이다. 선교적 교회는 이 십자가의 삶을 실천해야 한다. 선교적 교회는 예수님의 성육신의 영성을 모델로 삼는다. 예수께서는 하나님이심에도 불구하고 만인의 구원을 위해 인간의 몸을 입고 이 땅에 내려오셨으며, 이 세상에 존재하는 사람들과 동일하게 생활하면서 복음을 전하는 사명을 감당하셨다. 최동규는 "그분은 이 세상의 삶으로 깊이 들어와 하나님의 구속적 통치를 실현하기 위해 치열한 삶을 살았으며, 자신이 구원할 인간들의 희로애락을 깊이 체휼했지만 죄와는 상관없이 사셨다(히 4:15). 이것이 바로 성육신의 원리"(한국선교신학회 2015:186)라고 말한다. 선교적 교회의 목적은 복음의 본질에 충실하면서도 문화적으로 교회 주변의 지역에 적절한 교회가 되는 것이다.

선교적 교회 성장 운동의 다섯 번째 원리는 주일만 교회가 아니라 일주일 내내 교회가 되어야 한다는 것이다. 작금의 교회는 모든 것이 주일 예배에 집중되어 있다. 일주일에 한 번인 주일 예배를 위해 건물을 치장하고, 온갖 프로그램을 준비한다. 이는 '주일만 신자'를 양산한다. 일주일에 한 번 주일을 거룩하게 지내면, 나머지 6일 동안은 비신자와 똑같은 세상적인 삶을 살아간다. 그래서 음행과 분쟁과 우상 숭배와 술수와 시기와 분냄과 투기 등 육체의 일이 난무한다. 교회의 목적은 예수 그리스도의 명령에 따라 복음을 전파하는 것이다. 하나님과 이웃을 내 몸과 같이 사랑함으로써, 하나님의 거룩한 백성으로 지어져 가는 것이다. 일주일의 하루만 거룩하게 지낸다고 해서 될 일이 아니다. 하나님의 거룩한 공동체로서 교회는 날마다의 삶 속에서 예배와 성령의 열매와 선교를 이루어 내야 하는 것이다.

선교적 교회 성장 운동의 여섯 번째 원리는 수직적 리더십에서 수평적 리더십으로 변화하는 것이다. 전통적 교회는 '상하 계급적인 구조'를 갖게 되고, 이런 계급적 리더십은 평신도들을 수동적 존재로 만든다. 지배적이고 독재적인 목회자 리더십은 교회 안에 '목사-장로-집사-평신도'라는 계급을 낳음으로써, 분열과 함께 물질지상주의와 부패 등의 심각한 부작용을 양산하고 있다. 교회는 모든 믿는 자들의 제사장직 리더십으로 이해되어 왔다. 강력한 능력을 요구하는 시대적인 상황 속에서 담임 목사의 지배적인 리더십으로 변질되었을 뿐이다. 오늘날 교회의 리더십은 다양한 목회의 현장 속에서 특수화된 전문가로서의 역할을 감당해 내야 한다. 섬김의 리더십이야말로 선교적 교회의 목회 현장에 가장 적합한 모델이다. 선교적 교회는 만인제사장으로서 성도의 역할을 이해하며, 각자의 은사에 따라 사역을 감당하고 수평적인 리더십을 형성함으로써 얻게 되는 유기체적 사역을 강조한다.

따라서 선교적 교회 운동은 이 여섯 가지를 포함해야 한다. '삼위일체 하나님을 선교의 주체로', '교회는 건물이 아니라 성도들의 공동체로', '와서 보라에서 벗어나 세상 속으로', '개인주의적 탈육신의 영성에서 벗어나 예수 그리스도의 성육신의 영성을 본받고', '주일만 교회가 아니라 일주일 내내 교회가 되어야 하며', '수직적 리더십에서 수평적 리더십으로 변화하는' 교회의 모습이다.

2 선교적 교회 성장 운동의 특성

이상의 여섯 가지 사역 원리에 근거한 선교적 교회 성장의 특징은 무엇인가? 그것은 전략적 접근이 아닌 자연적 성장 원리에 근접한 특성을 지닌다. 교회는 예수 그리스도를 머리로 하는 생명을 가진 유기체이며 몸이다. 모든 생명은 DNA에 의해 체질과 성격이 결정되기에, 교회의 특성과 미래 역시 공동체에 심겨진 DNA에 의해 결정되는 것은 자연스러운 현상이다.

선교적 교회는 하나님의 선교 운동에 가담하는 것을 전제로 한다. 그 운동은 톱(top) 리더의 사역 계획에 의한 일사불란한 사역 실행을 의미하는 것이 아니다. 오히려 선교적 DNA가 어떻게 성도 개개인에게, 그들이 모인 공동체에, 나아가 교회 전체에 심겨질 수 있는가와 관련된다. 즉, 하나님 나라의 비전을 이루고자 하는 선교적 DNA가 성도들의 가슴속에 심겨지고, 그들이 하나님 나라를 이 땅에 실현하고자 하는 새로운 상상력을 갖게 될 때, 교회는 비로소 진정한 선교적 공동체가 된다. 자신의 삶의 현장에서 선교사로서 동일한 꿈을 가진 성도들이 함께 협력하여 선교적 공동체를 세우고, 일상의 삶 속에서 선교적 삶을 살아가는 성도들이 많아질 때, 영혼 구원과 세상을 변화시키는 변혁의 힘이 발생하게 된다.

  그런 차원에서 교회 성장은 인위적인 결과물이 아니다. 현대 교회가 지니고 있는 제도화되고 프로그램화된 한계를 넘어서야 한다. 인위적이고 계산된 초대가 아닌, 자발적이며 헌신적인 성도들의 삶을 통해 그리스도의 복음이 증거 됨을 통해 발생하는 사건이며 본질로서의 회귀다. 결국 선교적 교회 성장은 맥가브란이 이야기했던 모든 민족을 제자로 삼는 사역을 현재 우리의 삶의 자리에서 모든 성도들이 감당하기 시작할 때 발생하는 운동이며, 그 과정은 자연적 현상이라는 점에서 앞선 두 운동의 본질적 요소를 포함하고 있다.

선교학적 해석

이 장에서는 선교적 교회 성장 운동의 성경적 · 신학적 · 선교적 이해를 살펴보았다. 교회 성장 운동의 시조는 도날드 맥가브란이다. 맥가브란의 "왜 어떤 교회들은 자라지만, 또 어떤 교회들은 자라지 못하는가?"라는 의문들이 교회 성장 운동의 시작을 알리는 계기가 되었다. 특별히 맥가브란이 1955년 저술한 『하나님의 교량들(The Bridges of God)』은 교회 성장학의 효시가 된다. 또 1970년에 출판된 『교회 성장 이해(Understanding Church Growth)』는 교회 성장학의 '경전'이다.

피터 와그너는 맥가브란의 교회 성장학을 미국 목회 현장에 적용하여 보다 대중화하는 데에 크게 공헌한 사람이다. 그를 통해 교회 성장을 위한 리더십 · 은사 · 조직 등 보다 목회 현실을 반영한 교회 성장 방법론들이 미국 교회에 제공되기 시작했다. 그리고 현장 사역자들을 통해 미국과 전 세계로 확산되었다.

교회 성장 운동은 처음부터 세 가지의 독특한 요소를 포함하고 있다.

첫째로 교회 성장은 수적 성장을 의미했다. 둘째로 교회 성장의 핵심은 전도와 양육을 감당할 새로운 교회를 개척하는 데 있다. 셋째로 교회 성장 운동은 근본적으로 과학적 조사 방법에서 나왔다는 점이다. 교회 성장 운동은 1970년대 이후 지금까지 '교회의 선교적 사명과 존재의 목적에 관심 확산', '사역의 효율성과 건강을 향한 도전', '리더십과 소그룹 · 동질성 · 수용성 · 예배 형식에 대한 관심 확대', '교회 리더십 스타일과 효율성', '복음 선포에 있어서 시대적 적용과 효율성', '사역에 있어서 세대 차이의 화합 역할', '변화를 향한 도전' 등에 긍정적 영향력을 준 것으로 평가되고 있다.

반면에 교회 성장 운동이 시작된 이래로 교회 성장학의 신학과 방법, 원칙에 대한 논란이 끊이지 않고 있다. △수단과 방법을 다해 교회만 성장시키면 그만이라는 생각이 보인다 △복음을 현대적 감각과 필요에 짜 맞추고 있다 △객관적이고 학문적으로 검증하는 노력을 소홀히 하고 있다 △청중의 설교 반응도 조사, 교회 전체 이미지 선전에 대한 집착, 통계적인 성장, 재정적인 이익, 일반 여론 조사, 지도자의 스타 이미지 개발 등에 많은 관심을 가지고 있다 △믿지 않는 이들보다 기존 성도들을 "교회로 끌어들이는" 일에 더 열심이다 △교회의 크기를 성공의 기준으로 삼고 있다 등의 이유로 비판받고 있다.

비판받는 교회 성장 운동에 대한 대안으로 나온 것이 바로 '자연적 교회 성장(NCD, Natural Church Development)'이다. 교회가 먼저 질적으로 건강해지면 성장은 자동적으로 따라올 것이라는 주장이다. NCD의 기초 이론은 크리스티안 슈바르츠가 1994년부터 1996년까지 육대주 32개국 1,000개 교회를 대상으로, 각 교회마다 30명의 설문지를 통해 작성된 420만 개의 응답을 분석 조사하여 연구한 내용이다.

그 결과 건강한 교회 성장을 위해서는 '사역자를 세우는 지도력', '은사 중심적 사역', '열정적 영성', '기능적 조직', '영감 있는 예배', '전인적 소그룹', '필요 중심적 전도', '사랑의 관계' 등 여덟 가지의 질적 특성을 지녀야 한다는 것이다. 자연적 교회 성장론도 △교회 성장 운동의 특징인 교회 현장 조사 내용을 기본으로 하고 있다 △'건강한 교회의 8대 질적 특징'은 피터 와그너의 '건강한 교회의 역동적 7대 특징'과 별반 다를 게 없다 △통계학적 분석이 지역적 특수성과 문화, 환경적 상황을 무시하고 있다 △양극적 사고는 이미 존재하는 중도적 패러다임이다 △건강한 교회의 판단은 경험적 발견을 기준으로 한다 △교회의 성숙과 건강만을 강조하다 보면, 선교적 사명의 역동성이 약화될 가능성이 높다 등의 이유로 비판받고 있다.

교회 성장 운동에 이어 자연적 교회 성장론도 비판에 직면하자, '하나님의 선교'라는 관점에 초점을 맞춘 선교적 교회 성장 운동이 관심을 모으고 있다. 선교적 교회 성장 운동의 원리와 특징은 다음과 같다.

첫째, 삼위일체 하나님을 선교의 주체로 보는 것이다. 선교적 교회의 핵심 개념은 교회의 재량적 판단을 버리고, 삼위일체 하나님께서 공급하실 것을 믿고 하나님만 의지하며 선교하는 것이다.

둘째, 교회는 건물이 아니라 성도들의 공동체라는 것이다. 성경은 교회를 '에클레시아' 즉 "거룩한 무리·하나님의 백성"이라 말하고 있다. 바로 예수 그리스도를 따르는 성도들이 교회라는 것이다.

셋째, '와서 보라'에서 벗어나 '세상 속으로' 들어가는 것이다. 성경은 세상을 향해 적극적으로 나아가라고 말하고 있다. '와서 보라(Come-To-Us)'가 아닌 '찾아가라(Go-To-Them)'는 것이다.

넷째, 개인주의적 탈육신의 영성에서 벗어나 예수 그리스도의 성육신의 영성을 본받는 것이다. 전통적 교회는 교회와 세상·성과 속·나와 너를 구분하지만, 선교적 교회는 이원론이 아닌 문화와 세상에 참여하는 메시아적 영성을 중요하게 여긴다.

다섯째, 주일만 교회가 아니라 일주일 내내 교회가 되어야 한다는 것이다. 하나님의 거룩한 공동체로서 교회는 날마다의 삶 속에서 예배와 성령의 열매와 선교를 이루어 내야 하는 것이다. 여섯째, 수직적 리더십에서 수평적 리더십으로 변화하는 것이다. 선교적 교회는 만인제사장으로서 성도들의 역할을 이해하며, 각자의 은사에 따라 사역을 감당하고 수평적인 리더십을 형성함으로써 얻게 되는 유기체적 사역을 강조한다. 물론 이러한 원리는 선교적 DNA가 성도들의 삶과 공동체에 깊이 뿌리내리게 되었을 때 가능하다. 인위적인 전략과 프로그램이 아닌, 하나님의 선교로의 부르심에 대한 인식과 헌신이 결국 개인과 공동체의 삶을 이끌고 변화시킨다는 측면에서 선교적 교회 성장은 성령의 역사이며 동시에 하나님 나라의 운동이 된다.

다음 장에서는 선교적 교회의 기본 개념과 다양한 학자의 관점을 통해 발견된 사역적 특징을 살펴보고자 한다.

포스트모던 시대의 현대 문화 속에서 위기에 처한 교회가 추구해야 할 모델은 과연 무엇일까? 서구 교회는 두 가지 반응을 보이고 있다. 첫 번째는 교회에 대한 원초적 질문으로의 회귀이다. 즉 '교회란 무엇인가?', '교회는 무엇을 위해 존재하는가?', '교회의 본질적 사명과 존재 이유는 무엇인가?'라는 본질적 질문을 성경적·신학적 관점에서 다시 던지면서, 굳어지고 정형화된 사역에 도전장을 던지기 시작했다. 두 번째 주목해야 할 운동은 상황에 대한 절박한 인식과 반응으로 도출된 실험적 사역이다. 젊은이들이 교회를 외면하는 상황 속에서 그들의 문화에 적합한 사역을 통해 복음을 전하고자 하는 다양한 형태의 사역이 시도되었고, 이는 새로운 형태의 신앙 공동체를 등장하게 했다.

이 두 가지 반응은 오늘날 주목할 만한 교회 갱신 운동으로 발전되었다. 전자는 교회의 본질에 대한 탐구를 기반으로 한 '선교적 교회'(Missional church) 운동이 되었고, 후자는 탈제도적이고 문화 중심적 접근을 통해 선교를 실천하려는 '이머징 교회'(Emerging Church) 운동으로 발전하게 된 것이다. 이 두 운동은 여러 가지 측면에서 연관성을 지니는데 무엇보다도 그 핵심에 '선교'라는 키워드가 자리 잡고 있다는 것이 가장 주목할 만한 점이다. 교회의 선교의 사명에 대한 재발견과 이를 실천하려는 진지한 시도들이 있다는 점에서 두 운동은 매우 중요하다(이상훈 2017:16-17).

여기에 선교적 교회 운동의 이해로서 이머징 교회와 선교적 교회, 선교적 교회의 제자도, 선교적 공동체, 선교적 교회 운동의 사역 원리 등을 살펴본다.

Desire
for a Healthy Church

제 4 장

선교적 교회 운동의 이해

포스트모던 시대의 교회 운동

1 이머징 교회

'이머징 교회'에 대한 논의가 공개적으로 시작된 지는 20여 년 남짓하다. 1990년대 초부터 거론되었지만, 보다 직접적으로는 2000년의 어바나 선교대회에서 '이머징(emerging) 문화'라는 주제가 토론되며 공론화되었다(깁스 & 볼저 2008:65).

'이머징 교회'는 포스트모던 시대의 위기 상황 속에서 '교회가 어떻게 살아남을 것인가'에 가장 큰 관심을 갖고 있다. 이들은 비즈니스와 마케팅·소비주의로 물든 구도자 교회 운동과 새로운 문화 변동에 적절한 대응을 하지 못한 주류(main line) 교회 모두를 비판하며 등장했다. 무엇보다 포스트모던 세대로서 근대주의적 세계관에 점철된 기존 교회에 실망하고 떠났던 젊은 세대들을 품는 데 큰 역할을 했다(이상훈 2016b:7). 특히 이머징 교회는 선교에 초점을 맞춘 공동체를 지향하고 있다. 그들은 구원받은 성도들이 이 세상에서 빛과 소금의 역할을 감당하며, 선교적 사역으로 예수 그리스도께서 행하신 이웃에 대한 돌봄으로 1세기에 신생(emerging)했던 선교적 교회인 데살로니가 교회를 닮아 가는 것을 목표로 하고 있다.

깁스(Eddie Gibbs)와 볼저(Ryan k. Bolger)는 이머징 교회를 "포스트모던 문화 안에서 예수의 길을 실천하는 선교적 공동체"로 정의하면서 아홉 가지의 실천전인 면을 일반적 특징으로 말하고 있다. 이머징 교회는 첫째, 예수의 삶을 따라 하고 둘째, 세속의 영역을 변화시키며 셋째, 매우 높은 공동체의 삶을 살아야 한다. 이런 세 가지 행동들 때문에 이머징 교회는 넷째, 낯선 이들을 영접하고 다섯째, 아낌없이 봉사하며 여섯째, 생산자로 참여하고 일곱째, 창조된 존재로 창조해 나가며 여덟째, 하나의 몸으로 인도하고 아홉째, 영성 활동에 참여하는 교회이다(깁스 & 볼저 2008:191-195).

댄 킴벌은, 이머징 교회의 핵심은 '예배'라고 말한다. 이머징 교회는 '고전적 가치를 지닌 믿음의 예배'를 추구하며, 초대 교회의 원초적이고 고귀한 예전의 회복을 추구한다. 이머징 예배의 특징은 신비감이 우러나올 수 있는 분위기와 기도 처소·미술 처소 또는 작문 처소와 같이 유기적 분위기 속에서 성도들이 참여할 수 있는 공간에 있다(킴벌 2008:129-131).

이머징 교회는 그 형태와 모습이 매우 다양하다. 그러나 큰 회중의 모임이라 할지라도 그 속에는 소그룹 중심의 공동체가 핵심을 이룬다. 진정한 관계와 소속을 중요하게 여기기 때문이다. 그런 관점에서 보면, 이머징 교회의 가장 대표적인 형태는 소그룹 중심의 공동체적 교회라 할 수 있다. 어떤 이들은 이러한 모임을 가정교회로 부르기도 한다. 그들은 예수 그리스도와 그의 제자들이 모델로 보여 주신, 제도가 아닌 '새로운 가족'을 추구한다. 이들은 구성원 간의 관계와 깊은 삶의 나눔을 강조하면서 소그룹을 통해 집중적인 교제를 나눈다.

대개 이들 소그룹 가정교회는 한 명의 멘토와 8-15명의 사람들로 구성되어 있다. 이 소그룹은 주중에 반드시 한 차례 이상 식사를 나누며 반드시 비그리스도인을 초청해야 하는데, 이는 다른 사람을 영접하는 환대의 행위이다. 환대는 이머징 교회의 삶의 방식이다. 이들은 함께 성경을 묵상하고 함께 기도하며 함께 대화한다. 일상의 삶도 함께 나눈다.

이들 소그룹의 목적은 선교이다. 항상 비그리스도인의 초청에 초점을 맞춘다. 비그리스도인들에게 그들의 삶을 보여 주는 것이 가장 효과적인 선교라고 생각한다. 이 소그룹 가정교회가 20-25명이 될 때, 또 하나의 가정교회가 탄생한다. 이들 가정교회의 주일 예배는 지역의 가정교회들이 모두 한자리에 모여 드리는 것이 일반적이다.

필라델피아에 있는 '영과 진리의 공동체(Spirit and Truth Fellowship)'는 흑인·히스패닉·아시아·유럽의 문화가 전해 준 풍성한 선물을 함께 기뻐하는 공동체다. 신자들은 실제로 서로에게 가족이 되어 준다. 워싱턴주 타코마의 조이 리버블 교회(Zoe Livable Church) 지도자들은 이 이머징 교회의 교인들에게 타코마 도심의 20개 블록으로 이루어진 지역으로 이주해 들어오라고 권했다. 교인들이 같은 동네로 이사해 옴에 따라 서로의 삶에 더 많이 관여할 뿐 아니라 그 지역의 노숙자와 약한 사람들에게 다가갈 시간이 더 많아졌다고 한다(사인 2014:314-319). 이머징 교회는 예수님의 공생애에서 보여 주셨던 '섬김과 나눔의 삶'을 강조한다. 예수님은 주린 자들에게 먹을 것을 주시고, 버림받은 자들을 영접하셨으며, 죄인들에게 용서를 선포하셨고, 나병 환자들을 치료하셨으며, 부정한 자들에게 '깨끗하다'고 선언하셨으며, 가난한 자들에게 기쁜 소식을 주셨다.

이머징 교회는 영과 육·정신과 물질·성과 속의 이원론을 극복하고자 한다. 그들에게는 특히 성의 공간과 속의 영역이 따로 존재하지 않는다. 모든 것이 하나님께 드려진다면 그것은 성의 영역이며 그들의 영성은 모든 삶을 포괄하는 영성이다. 또한 그들의 예배는 교회에서 드리는 예배만이 아니라 삶으로 드리는 예배를 강조하여 삶의 모습 그대로를 하나님께 드리려 한다.

이머징 교회는 영성을 강조한다. 그들의 영성은 삶으로 보여 주는 통합적 삶의 영성으로, 현실 도피적이거나 성과 속을 구분하는 영성이 아니다. 이머징 교회는 주일과 나머지 날을 분리시키지 않으려고 한다. 그들의 영성은 "온 삶의 신앙"(깁스 & 볼저2008:378)이라는 말로 표현할 수 있다. 이머징 교회는 공동체를 강조한다. 그들에게 있어서 공동체는 하나님 나라를 구현하는 것이다. 그들은 공동체 속에서 함께 살아가며 거기서 섬기며 예수 그리스도 따라 하기를 실천한다. 그 소규모 그룹들은 탈중심적이어서 위계질서 적이지 않으며, 유기적으로 연결되어 보다 큰 공동체를 이룬다.

물론 이러한 이머징 교회는 현재 그 운동이 거의 위축된 상태가 되었다. 이상훈의 분석에 따르면, 이머징 교회는 1990년대에 시작되어 2010년대 중후반이 되어서는 그 영향력이 많이 위축된 것처럼 여겨진다. 그렇다고 해서 이 운동이 멸종되었다고 보아서는 안 된다. 왜냐하면, 이 운동에 가담하거나 영향을 받았던 많은 젊은 교회의 리더들이 현재는 특정 그룹을 넘어 다양한 영역에 이미 침투했고 흡수되었으며, 많은 복음주의적 성향을 가진 교회들이 선교적 교회 운동에 참여하고 있기 때문이다(이상훈 2017b:92-93).

2 선교적 교회

예수 그리스도와 그 제자들의 삶은 선교적이었고, 순교적이었다. 예수께서 탄생시킨 교회는 목숨을 걸고 땅끝까지 복음을 증거하는 선교적 삶을 사는 사람들이 모인 곳이었다. 이런 초대 교회의 모습은 기독교 세계(Christendom) 시대를 거치면서 점차 퇴색되어 갔다. 이에 더해 20세기 후반에 들어, 포스트모더니즘의 갑작스러운 등장은 기존의 모더니즘 토대에 서 있던 교회를 송두리째 흔들어 놓았다. 이런 사회 문화적 배경 속에서, 교회는 교인 수의 급격한 감소뿐만 아니라 사회적 영향력마저 상실하기에 이르렀다. 이런 심각한 문제를 인식하고 교회의 본질인 선교를 회복하려는 것이 바로 선교적 교회론이다.

　선교적 교회에 대한 본격적인 논의는 20세기 영국의 대표적인 선교학자인 레슬리 뉴비긴(Nesslie Newbigin)과 함께 시작되었다. 30년 이상을 인도에서 선교사로 사역한 후, 1960년대 후반 65세의 나이에 영국으로 돌아온 뉴비긴은 서구 문화의 기독교적인 영혼이 거의 다 사라져 버렸다는 사실에 직면했다. 뉴비긴은 "서구 세계가 회심할 수 있을까?" 물었다. 이 질문은 '선교적(missional)' 교회론의 탐구에 막대한 영향을 주었다. 이런 상황 속에서, 북미의 신학자들 중 위기에 대한 임시 대응책을 찾는 방법론적 접근을 지양하고, 교회가 무엇이냐는 근본적인 질문을 제기하는 학자들이 나타났다. 바로 'GOCN(the Gospel and Our Culture Network)'이었다. 이 네트워크에서 활동했던 대럴 구더 · 로이스 배럿 · 이너그레이스 디트리히 · 조지 헌스버거 · 앨런 록스버그, 그리고 크레이크 밴 갤더가 『선교적 교회: 북미 교회의 파송을 위한 비전(Missional Church: A Vision for the Sending of the Church in the America)』를 함께 저술하면서 '선교적 교회'라는 용어와 개념이 본격적으로 알려지게 되었다. 이들은 하나님 중심의 '하나님의 선교'에 초점을 맞추어 교회의 본질을 새로운 역사적 · 문화적 상황을 고려하면서 성경적으로 그리고 신학적으로 조사하였다(한국선교신학회 2015:197-198).

　선교적 교회는 '하나님의 선교'라는 개념에서 출발하였다. 이들 선교적 교회론을 주장하는 학자들은 선교를 지역적이고 다양한 선교들로 이해하지 않고, 하나의 큰 선교인 하나님의 선교(Missio Dei)로 받아들인다. 데이비드

보쉬는 "선교적 교회에서 선교는 성부 하나님이 성자 하나님을 이 땅에 보내시고, 성부와 성자 하나님이 성령 하나님을 보내신 '삼위일체 하나님의 선교'를 지칭한다"(한국선교신학회 2015:53-54)고 말한다.

하나님의 선교란 예수 그리스도의 교회인 우리들 각자가 속해 있는 사회와 문화 가운데 선교적 교회가 되도록 부르시고 보내신 것을 인식하게 한다. 이를 통해 교회의 본질은 보내시는 하나님의 선교에 참여하는 것임을 분명히 알 수 있다. 교회는 본질상 선교적이며, 동시에 하나님의 선교에 전심을 다할 때에만 진정한 교회가 된다는 것이다(이상훈 2016a:8).

선교를 교회나 선교 단체가 주도하는 것이 아닌 하나님의 선교로 이해할 때, 선교적 교회의 가장 큰 목적은 교회의 본질인 선교를 회복하는 것이어야 한다. 교회는 교회 자체의 유익을 위해서가 아니라 하나님의 선교를 위해 존재한다는 것이다. 교회의 본질인 하나님의 선교를 회복할 때 참된 교회로 거듭날 수 있다. 따라서 선교적 교회는 하나님의 선교를 위해 보내심을 받은 자로서의 정체성을 인식해야 한다. 대럴 구더(Darrel Guder)는 "예수 그리스도의 교회는 복음의 목적이나 목표라기보다는, 오히려 복음의 도구이며 증거"(구더 2013:31)라고 명확히 교회의 위치를 정리하였다.

선교적 교회의 핵심적인 과제는 한마디로 "그러므로 너희는 가서 모든 민족을 제자로 삼아 아버지와 아들과 성령의 이름으로 세례를 베풀고 내가 너희에게 분부한 모든 것을 가르쳐 지키게 하라 볼지어다 내가 세상 끝 날까지 너희와 항상 함께 있으리라 하시니라"(마 28:19-20)고 하신 말씀에 순종하는 것이다. 하나님의 선교는 하나님의 아들 예수 그리스도의 주권을 구원받은 모든 피조물 위에 세우려는 것이며, 그 예수 그리스도가 승천하기 직전 그의 열두 제자들에게 직접 말씀하시고 명하시고 부탁하신 위임이기 때문이다. 이는 자신이 있는 지역에서는 물론 모든 경계를 뛰어넘어 모든 나라와 민족과 열방으로 하여금, 예수 그리스도의 헌신된 제자를 삼기 위해 하나님의 나라와 그 나라의 중심인 예수 그리스도에 관하여 증거하는 것이다(한국선교신학회 2015:199-210).

윌버트 쉥크(Wilbert R. Shenk)는 선교적 교회의 특성을 다음의 다섯 가지로 말하고 있다. 첫째, 선교적 교회는 그들의 가장 우선시되는 임무가 하나님 나라를 증거하는 것임을 분명하게 인식한다. 둘째, 교회는 세상에 깊이 참여하지만 세상에 의해 조종당하지는 않는다. 셋째, 선교는 메시아 예수의 실천을 본받는 것이다. 즉, 선교는 십자가의 모습이다. 넷째, 선교적 교회는 종말에 대한 강렬한 인식을 가지고 있다. 다섯째, 선교적 교회의 체계는 세상을 향한 교회의 선교를 섬기고 지원할 것이다(윌버트 쉥크 2005:219).

워싱턴에 있는 뉴커뮤니티 교회(New Community Church)의 '선교 모임'은 진정한 의미의 공동체를 만들어 가는 동시에 외부, 곧 선교에 초점을 맞춘다. 새로운 선교 모임은, 예배 중에 자리에서 일어나 하나님이 자신에게 가까운 이웃의 위험에 처한 아이들에게 더 관심을 기울이게 하셨다고 고백하는 한 사람으로부터 시작할 수 있다. 그는 마음속에 하나님이 주신 비슷한 마음을 느끼는 사람이 있는지 묻는다. 너덧 사람이 손을 들고, 이들은 하나의 선교 모임을 이룬다(사인 2014:317).

영국의 교회들은 복음주의연맹(Evangelical Alliance)에서 후원하는 '1제곱마일(A Square Mile)'이라는 프로그램에 참여함으로써 좀 더 선교적인 교회가 되어 가고 있다. 이 프로그램은 영국 전역의 교회에 그들이 예배를 위해 모이는 곳에서 1제곱 마일 이내에 있는 이웃들에게 다가가라고 전도한다. 결국 선교적 교회론이란 교회는 본질적으로 선교적이라는 말이다. '선교적'이란 말은 "하나님 나라가 교회를 통해서 선포될 뿐만 아니라 하나님이 세상을 사랑하시고 약한 자, 눌린 자, 갇힌 자들을(눅 4:18-20) 구체적으로 돌보시는 분임을 말과 실천으로 증거한다"(한국일 2010:109)는 의미를 담고 있다. 따라서 교회는 하나님 나라를 말과 실천을 통하여 증거하기 위해 이 세상 가운데 보내신 하나님의 선교적 도구이다. 다시 말하면 선교적 교회론은 하나님의 선교에서, 교회의 자리와 목적 그리고 역할과 기능을 찾고자 하는 교회론을 의미한다.

마이클 프로스트와 앨런 허쉬는 선교적 교회의 탄생과 미래를 이렇게 말하고 있다. "충분히 많은 사람들이 우리 시대의 중요한 문제들에 기꺼이 반응하려 하고, 새로운 형태의 교회를 꿈꾸려 하고, 그리고 사역과 선교의 새로운 방식을 만들어 내려고 시도할 것이냐 아니냐에 달려 있다"(프로스트 & 허쉬 2009:395). '범선은 항구에 있을 때 가장 안전하지만, 그러나 그렇게 하는 것이 범선이 만들어진 이유는 아니다.'라는 파울로 코엘료의 말처럼,

교회의 존재 목적은 교회 자체의 유익이 아니라 복음을 들고 세상을 향해 나아가는 것이다.

최근 선교적 교회론의 실천적 흐름은 교회와 그리스도인의 삶에 선교를 체화시키는 데 집중하는 양상을 보인다. 이는 관념에서 벗어나 지역을 기반으로 하는 '장소로서의 선교', 사역의 대상이 아니라 동등한 위치에서 대하는 '이웃 됨'의 선교, 교회와 일요일이 아닌 세상에서 월요일부터 토요일까지의 삶에서 구현하는 '일상의 선교', 몸과 영혼을 통합적 존재로 보는 '몸의 선교', 타 문화권이나 원거리 선교지뿐 아니라 삶에서부터 선교를 실천하는 '보냄 받음' 등 다섯 가지 특징으로 나타나고 있다. 그러나 단순히 사회 속 의제에 참여하거나 지역을 대상화시키는 아웃리치, 또는 배후에 의도된 프로그램을 숨긴 채 이웃의 삶에 참여해서는 안 된다. 선교적 교회는 구체적인 지역에 동등하게 참여해 이웃이 되는 과정을 중시함으로써 이웃 자체가 되는 것을 목적으로 삼아야 한다. 그리고 이러한 이웃됨은 우리 교회와 그리스도인의 몸으로 일상에서 함께하는 것이어야 한다.

3 선교적 교회의 제자도

교회는 본질적으로 선교하는 공동체이다. 교회는 선교를 통해 존재함으로써, 교회와 선교는 일치되어 있다. 또한 교회는 예수님을 본받는 제자도의 삶을 목표로 하고 있다. 따라서 선교의 목표는 제자도라고 할 수 있다. 제자도가 선교와 깊은 연관을 맺고 있는 까닭은 세상에서의 제자의 삶 자체가 선교적 차원을 가지고 있기 때문이다. 제자도는 이 세상의 모든 사람이 구원받기를 원하시는 하나님의 구속적 계획을 성취하는 과정 가운데 가장 핵심적인 부분을 차지한다. 모든 인간은 그리스도의 제자가 되고, 또 제자로서 성숙해져야 하며, 다른 사람을 제자 삼는 사역에 헌신함으로써 하나님의 선교에 동참할 수 있다. 제자도는 하나님의 선교를 향한 노정에서 이해될 때 가장 분명한 의미를 획득하게 된다(박기호 2016:17).

하나님은 아브라함을 선택하시고 그와 언약을 맺으셨다. "여호와께서 아브람에게 이르시되 너는 너의 고향과 친척과 아버지의 집을 떠나 내가 네게 보여 줄 땅으로 가라 내가 너로 큰 민족을 이루고 네게 복을 주어 네 이름을 창대하게 하리니 너는 복이 될지라 너를 축복하는 자에게는 내가 복을 내리고 너를 저주하는 자에게는 내가 저주하리니 땅의 모든 족속이 너로 말미암아 복을 얻을 것이라 하신지라"(창 12:1-3). 이것은 모든 민족들을 향한 하나님의 구속적 관심을 처음으로 표현한 것이라 할 수 있는데, 결과적으로 아브라함은 "선교의 선구자"가 되었다. 모든 족속들 가운데 흩어진 모든 하나님의 백성들에게 영적인 조상이 된 것이다. 아브라함이 갈 바를 알지 못하고 믿음으로 고향을 떠났을 때, 그는 결정적으로 이 선교 사역을 위해 첫발을 내디딘 것이다(글라서 2006:86).

예수님께서 이 세상에 계실 때 백성들에게 가르치신 것은 천국 복음이다. 현재 천국에 살지는 않지만 천국 백성답게 살려면 나를 따라오라 하시며 제자가 되라 하셨다. 대위임령에서도 분명히 밝히신 것처럼 '너는 가서 모든 민족을 제자로 삼으라' 하셨다. 제자가 되게 하는 것 자체가 선교적이다. 우리의 선교는 예수님의 선교에 참여하는 것이다. 따라서 예수님의 삶을 따르는 제자도의 실천이야말로 진정한 예수님의 선교라 할 수 있다.

예수님은 자신이 하나님의 아들이며 세상의 구세주이심을 서서히 밝히셨다. 그리고 제자들로부터 자신이 "그리스도시요 살아 계신 하나님의 아들"이시라는 고백을 이끌어 내시기도 하셨다. 그리고 나서부터 자신이 예루살렘에서 십자가에 달리실 것에 대한 말씀의 빈도를 높여 가셨다. 예수님은 기도를 가르치셨다. 자기를 부인하고 십자가를 따르라고 하셨다. 이런 가르침은 결코 헛되지 않았다. 오순절 이후로부터 제자들은 선교사 제자도를 실천해 나갔다(글라서 2006:346).

박기호는 선교적 제자도에 있어 무엇보다 먼저 그리스도의 지상 명령과 대위임령을 혼동하지 않고 올바로 인식하는 것이 중요하다고 말한다.

지상 명령은 하나님 사랑과 이웃 사랑 실천을, 대위임령은 모든 족속을 제자로 삼는 것을 말한다. 지상 명령을 나타내는 성경 구절은 마태복음 22장 37-40절이다. "예수께서 이르시되 네 마음을 다하고 목숨을 다하고 뜻을 다하여 주 너의 하나님을 사랑하라 하셨으니 이것이 크고 첫째 되는 계명이요 둘째도 그와 같으니 네 이웃을 네 자신같이 사랑하라 하셨으니 이 두 계명이 온 율법과 선지자의 강령이니라". 대위임령을 나타내는 성경 구절은 마태복음 28장 18-20절이다. "예수께서 나아와 말씀하여 이르시되 하늘과 땅의 모든 권세를 내게 주셨으니 그러므로 너희는 가서 모든 민족을 제자로 삼아 아버지와 아들과 성령의 이름으로 세례를 베풀고 내가 너희에게 분부한 모든 것을 가르쳐 지키게 하라 볼지어다 내가 세상 끝 날까지 너희와 항상 함께 있으리라 하시니라". 여기서 그리스도의 말씀을 자세히 살펴보면, 대위임령이 하나의 명령만을 담고 있음을 보여 준다. 그것은 모든 족속으로 "제자를 삼아"가 본동사이고 동사처럼 보이는 다른 모든 단어들 즉 '가라'와 '세례를 베풀고'·'가르침으로' 등은 분사들로서 주동사에 종속되어 있는 것이다. 따라서 마태복음 28장 19-20절을 문자적으로 번역하면 다음과 같다. "그러므로 가면서 모든 족속을 제자 삼으라. 아버지와 아들과 성령의 이름으로 세례를 주고, 내가 너희에게 명령한 모든 것들을 지키고, 그들을 가르침으로" 교회가 가는 활동과 세례를 주는 활동 그리고 교육 활동은 열심히 한다. 하지만 대위임령에서 말하는바 제자를 삼는 일에 초점을 맞추지 않기 때문에, 많은 인적·물적 자원을 투자하여 사역함에도 불구하고 지역 사회와 세계를 변화시키는 일에 실패하고 있다(박기호 2016:2-3).

예수의 제자가 된다는 것은 세상 속으로 들어가서 그들을 이해하며, 삶을 함께하면서, 복음을 전할 때 '타자'를 얻어 '우리'가 되는 것이다. 선교적 교회는 세상과 함께해야 한다. 선교적 교회에서의 성도는 제자의 삶에 참여하는 것을 의미하며, 세상 속에서 그들과 함께하고, 복음을 전하는 자를 말한다. 제자도는 선교적 교회의 사명을 다하는 삶이라고 할 수 있다.

선교적 교회는 제자도에 의해 완성되고 교회 본연의 모습을 띠게 되며, 그 공동체 속에 있는 성도들은 자연스레 제자의 삶을 살아가게 된다. 선교적 교회에는 제자도를 접목하고 실천하는 부분으로서 성육신적 삶, 성령 안에서 사는 삶, 섬기는 삶, 사도적 삶, 증인의 삶이 나타난다. 선교적 교회는 예수 그리스도의 성육신 사건을 본받으려고 한다. 하나님 자신의 계시자이신 예수 그리스도의 삶을 따르는 것을 통해 하나님의 뜻을 이 세상에 구현해야 할 사명이 있다. 신자는 제자의 삶에 참여하며, 세상 속으로 나아가 복음을 전하는 자를 말한다. 이것이 바로 성육신적 삶이라 할 수 있다.

선교적 교회는 성령의 능력 안에서 교회의 본질인 선교를 수행하게 된다. 성령의 역사가 없다면 선교는 이루어질 수 없다. 성령의 능력을 받은 후에야 제자들은 자신을 부인했고 십자가를 지고 예수님을 쫓았다. 성령이 임했을 때, 위협과 투옥과 고문 심지어 죽음까지도 제자들의 선교를 막을 수 없었다. 선교적 교회의 제자들은 섬기는 삶을 살아간다. 예수님은 섬기려고 이 세상에 오셨다고 말씀하셨다. "인자가 온 것은 섬김을 받으려 함이 아니라 도리어 섬기려 하고 자기 목숨을 많은 사람의 대속물로 주려 함이니라"(막 10:45). 선교적 교회에서의 제자도는 섬김의 삶으로 세상을 변화시키는 것이다. 선교적 교회는 본질적으로 사도적이다. 복음을 전하도록 부름을 받았다는 것이다. 그리스도께서 제자들을 부르신 것은 하나님의 백성들에게 복음을 전하도록 하기 위해서다. "너희는 온 천하에 다니며 만민에게 복음을 전파하라"(막 16:15). 사도적 삶을 산다는 의미는 교회가 그리스도로부터 받은 사도들의 사역을 계승한다는 것이다.

선교적 교회는 증인들의 공동체이다. 선교적 교회의 제자들은 세상 사람들에게 예수 그리스도를 실제로 보고 만질 수 있는 역사적 사실로 경험할 수 있도록 증인의 역할을 감당해야 할 것이다. 제자도는 선교적 지평에서 이해되어야 한다. 제자도를 단순히 불신자가 그리스도에게로 돌아서는 회심이나 개인적 경건의 함양 정도로 생각하는 것은 제자도가 가지고 있는 본질적인 지평을 지나치게 축소하는 결과를 초래한다. 왜 우리는 그리스도의 제자가 되어야 하는가? 그리스도를 믿고 따른다는 것은 궁극적으로 무엇을 지향하는가? 이런 질문들에 대한 답변은 제자도를 선교적 지평에서 이해할 때 가능해진다(박기호 2016:17).

그렇다면 우리가 선교적 제자도를 실천하기 위해서 무엇을 해야 하는가?

무엇보다 먼저, 나를 고쳐야 한다. 내가 그리스도 그분으로 충만해지는 것이다. 그분께서는 우리에게 세상을 고치거나 어떤 종교 기관을 개혁하라고 하신 적이 없다. 다만 그분은 우리가 그분으로 충만해지면 "땅끝까지 이르러" 그분의 증인이 되리라고 말씀하셨다(행 1:8).

둘째, 우리의 스승께서는 제자들에게 "제자를 삼으라"고 하셨다. 우리에게 이것 말고는 하나님이 주신 사업이 없다. "예수께서 나아와 말씀하여 이르시되 하늘과 땅의 모든 권세를 내게 주셨으니 그러므로 너희는 가서 모든 민족을 제자로 삼아 아버지와 아들과 성령의 이름으로 세례를 베풀고 내가 너희에게 분부한 모든 것을 가르쳐 지키게 하라"(마 28:18-19).

셋째, 상황을 변화시키려는 당신의 생각과 노력이 예수와 동행하는 제자도의 실천보다 앞서거나 그 자리를 차지하게 두지 말라는 것이다. 제자도가 항상 당신을 선점해야 하며, 그러면 거기서 나오는 결과가 당신의 주변 사람들에게 직접 "증인"이 되어 강력한 영향을 미칠 것이다. 이것이 교회와 세상의 상황을 변화시키는 확실한 길이다(윌라드 2007:271-276).

선교적 제자도를 실천하기 위한 우리의 첫걸음은 그리스도의 제자가 되는 것이다. 우리가 그분으로 충만해지면, 그다음은 모든 민족을 제자로 삼는 것이다. 그리고 제자도가 항상 모든 것에 앞서야 한다. 예수님은 우리에게 제자가 되고 제자를 길러 내라고 말씀하셨다. 전심전력을 기울여 제자가 되고 제자를 길러 내는 것이 모든 제자와 교회의 가장 중요한 행위가 되어야 한다. 그리스도의 대위임령에 참여하는 데에는 큰 배움이나 능력이 필요하지 않다. 도리어 거기에는 거듭남, 곧 변화된 사람이 필요하다. 제자는 오직 하나님이 그 안에 거하실 때만 그리스도를 따르라는 부르심에 응답할 수 있다. 이 거듭남으로부터 "세례를 받고 사람들 앞에 나아감"과 "순종과 배움"이라는 두 가지 복종 행위가 흘러나온다(빌 헐 2009:21-26). 나 자신을 위한 훈련 프로그램과 영성 함양이 아니라 나를 통하여 세상을 바꾸고 구원하시기 위한 하나님의 뜻과 계획에 순종하는 것이 제자도요, 선교이다.

우리의 구원은 예수 그리스도의 값비싼 희생으로 받은 것이다. 따라서 하나님 나라가 이 땅에 임하고 하나님의 뜻이 이뤄지기 위해서는, 우리 역시 자기 십자가를 지고 그리스도를 따라가야 한다. 이러한 희생과 섬김·내려놓음의 길을 가는 것이 바로 제자도이다. 우리는 이슬람권·힌두권·불교권·공산권 등 땅끝까지 이르러 모든 민족을 제자로 삼기 위해서는 고난을 두려워하지 않는 제자도를 따라 살아야 할 것이다.

4 선교적 교회의 공동체

공동체(community)란 사람들이 모여 유기체적 모임을 이루고 목표와 삶을 공유하면서 공존하는 하나의 조직을 말한다. 그리고 동질성과 정서적 유대 관계, 지역성을 바탕으로 한 사회적 관계망을 그 핵심 내용으로 한다. 교회는 예수를 믿는 사람들이 모여 유기체적 모임을 이루고 하나님 나라의 소망과 삶을 공유하면서 공존하는 하나의 조직이다. 그리고 교회 또한 동질성과 정서적 유대 관계와 지역성을 바탕으로 한 사회적 관계망을 그 핵심 내용으로 한다. 교회는 예수 그리스도를 구주로 고백하는 하나님 백성들의 모임이란 동질성과 그리스도를 머리와 중심으로 한 정서적 유대 관계를 갖고 있으며, 일정한 지역 사회를 배경으로 모이고 흩어진다. 교회는 공동체의 세 가지 요소를 모두 지니고 있는 셈이다(최동규 2016:421). 따라서 교회는 본질적으로 공동체이다.

성경은 교회를 "하나님의 공동체"라 말하고 있다. 구약 성경에서 교회를 의미하는 '카할'은 '의논하기 위해 소집된 공동체'라는 뜻이다. 시내산 기슭에서 모세가 전달해 준 하나님의 율법을 듣기 위하여 모인 그 모임이 바로 '카할'이다(출 19:3-8). 이들은 하나님의 율법을 듣고 하나님을 예배하기 위해 모였다. 그리고 그곳에서 여호와 하나님이 그들의 하나님이요, 자기들은 그 하나님의 백성 됨을 알게 된다. 신약 성경에서 교회를 의미하는 '에클레시아'는 '밖으로 불러 모으다'라는 뜻이다. 죄악 세상에서 불러 모아진 구별된 자들의 모임, 곧 예수 그리스도를 구주로 고백하는 성도들의 모임을 가리킨다(엡 1:22-23; 히 2:12). 이는 거룩한 신앙 공동체로서의 교회를 의미한다. 결국 성경이 말하는 교회 즉 '카알·에클레시아'는 '하나님의 공동체'를 뜻한다.

'하나님의 공동체'인 교회는 하나님의 복음을 전하는 선교를 위하여 존재한다. 교회 자체가 선교이며, 교회는 선교적 공동체이다. 왜냐하면 교회는 그리스도께서 제자들에게 "너희는 가서 모든 민족을 제자로 삼아 아버지와 아들과 성령의 이름으로 세례를 베풀고 내가 너희에게 분부한 모든 것을 가르쳐 지키게 하라"(마 28:19-20)는 선교의 대위임령으로 시작되었기 때문이다. 따라서 교회는 예수 그리스도의 명령인 '선교하는 공동체'가 될 때, 그 존재 가치가 있는 것이다.

사도행전은 교회가 '선교하는 공동체'임을 증언하고 있다. 사도행전 1장 8절의 "오직 성령이 너희에게 임하시면 너희가 권능을 받고 예루살렘과 온 유대와 사마리아와 땅끝까지 이르러 내 증인이 되리라 하시니라"는 예수 그리스도의 대위임령을 시행하기 위해, 사도행전 2장은 선교적 공동체로서의 교회의 탄생을 기록하고 있다.

예루살렘 교회로 일컬어지는 이 선교적 공동체의 탄생은 오순절 날에 이루어진 사건이다. 바로 교회는 성령이 이끄는 선교적 공동체임을 말해 주고 있는 것이다. 예루살렘 교회는 사람들의 주목을 끌었다. 왜냐하면 이 교회는 예수 그리스도의 부활을 증거하는 증인으로서의 선교적 공동체였기 때문이다.

그런데 이 선교적 공동체의 출현은 당시 유대 지도자들을 불편하게 만들었다. 자신들이 신성 모독이라는 죄를 씌워 죽인 나사렛 예수를 다시 사신 구세주라고 증거했기 때문이다. 다시 핍박이 찾아왔다(행 5:28). 그러나 선교적 공동체는 굴하지 않고 선교를 쉬지 않았다(행 5:42). 사도행전 8장에서는 그 이유로 인하여 흩어지는 교회를 보게 된다. "그날에 예루살렘에 있는 교회에 큰 박해가 있어 사도 외에는 다 유대와 사마리아 모든 땅으로 흩어지니라"(행 8:1). 핍박의 결과로 교회는 흩어졌지만, 오히려 선교의 문을 크게 여는 출발점이 되었다. 선교의 방향이 내부에서 외부로 바뀌는 전환점이 된 것이다.

사도행전 11장 이후에는 수리아 지역에 세워진 안디옥 교회가 땅끝까지 복음을 전파하기 위해 바울과 바나바를 선교사로 파송하는 역사적 선교 사건을 기록하고 있다(행 13:1-3). 이후 사도행전의 교회는 선교적 공동체로서의 위상을 굳건히 하고 예수 그리스도의 구원의 복음을 땅끝까지 증거하기 위하여 수고하며 복음이 세계를 향하여 퍼져나가는 과정을 보여 준다. 이러한 사도행전의 구조는 바로 선교적 공동체로서의 교회론에 대한 성경적 근거이다.

선교적 공동체의 특성은 무엇인가?
첫째로 선교적 공동체의 가장 큰 특성은 '성육신적 공동체'라는 것이다. 요한복음의 시작은 "말씀이 육신이 되어"라는 전제하에 시작된다. 하나님께서는 성육신하셔서 인간의 삶 속에 친히 오셨다. 따라서 선교적 공동체는 하나님의 선교의 명령에 순종하여 세상 속으로 나아가야 한다는 것을 인식한다. 이처럼 성육신적 선교라 함은 실제적인 의미로 하나님이 예수 그리스도의 인격 속에서 우리가 사는 세상과 우리 인간의 조건 속으로 들어오신 그 특수한 행위로부터 영감과 동기를 얻고자 하는 것이다(프로스트 & 허쉬 2009:74).

둘째로 '종말론적 공동체'이다. 예수 그리스도의 재림을 기다리는 긴장 속에서 살아가는 선교적 공동체는 근본적으로 종말론적인 공동체이다. 종말론적인 공동체는 그리스도의 선교 명령을 수행하는데 모든 에너지를 집중한다.

셋째로 세상으로 나아가는 '보냄의 공동체'이다. 선교적 공동체는 선교적 사명을 위해 세상으로부터 부름을 받고, 동시에 세상을 향해 보냄을 받은 공동체이다. 따라서 선교적 공동체는 '와서 보라'가 아닌, 세상으로 찾아가는 보냄의 공동체를 추구한다. 선교적 공동체는 세상으로부터 도피처로서의 방주 개념이 아니라, 세상으로 보냄을 받아 구조선으로서 앞으로 나아가는 공동체이다.

넷째로 '사도적 공동체'이다. 사도적 신앙이란 성령에 의해서 영감을 받고 증언된 내용을 공동체의 삶과 선교에서 드러내는 것을 말한다. 따라서 선교적 공동체는 본질적으로 사도적 공동체일 수밖에 없다. 사도적인 선교적 공동체는 사도적인 복음을 따라 사도적 방식의 삶을 살아가며, 세상을 향해 사도로서 보냄을 받는 공동체를 추구한다.

다섯째로 '이웃과 함께하는 공동체'이다. 선교적 공동체로서의 교회는 '이웃을 위한 그리스도의 몸'이다. 선교적 공동체는 자신을 위한 공동체가 아닌 이웃을 위한 공동체여야 한다.

교회의 본질이 무시되고 사역과 조직이 개인들의 소비적 만족을 위해 존재하는 오늘의 현실에서 진정한 선교적 교회를 이루기 위해 매우 중요한 것이 '선교적 공동체성'을 회복하는 일이다. 왜냐하면 교회의 '선교적' 정체성은 '교회' 됨으로부터 시작되며, 공동체성은 그 교회됨을 구성하는 본질적인 요소들 가운데 하나이기 때문이다(최동규 2016:412).

선교적 교회가 세상 안에서 제대로 그 역동성을 드러내기 위해서는 먼저 내적 공동체성을 확보하지 않으면 안 된다. 오늘의 현실에서 성경적 본질을 회복하는 것이 선교적 교회의 목적이라고 한다면, 그 본질 회복의 중심에 '선교적 공동체성'이 있다고 봐야 한다. 게다가 공동체는 유동적인 사회에서 파편화된 삶을 살아가고 있는 포스트모던 피플(postmodern people)에게 매우 절실한 문제다(최동규 2009:375).

그렇다면 교회가 선교적 공동체성을 회복하기 위한 방안은 무엇인가?

첫째는 하나님 나라에 대한 비전을 회복해야 한다. 하나님 나라는 예수 그리스도의 성육신으로 이 땅에 실현되었지만 아직 완성은 아니다. 하나님 나라가 완성되기까지 이 땅의 교회에 그 책임을 부여했는데, 이는 선교를 통해 이루어진다. 교회가 선교적 공동체가 되어야 하는 이유가 바로 여기에 있다. 하나님 나라의 비전은 선교 공동체로서의 모든 교인이 하나님 나라를 향해 나아가는 삶 그 자체이다.

둘째로는 교회가 선교란 관점으로 하나가 되어야 한다. 이는 모든 교인들이 선교에 기초한 동일한 가치와 비전을 가지는 것을 의미한다. 이를 위해서는 설교와 성경 공부·제자 훈련 등 다양한 수단을 통해서 '선교적 공동체'에 관해 분명하게 가르쳐야 한다.

셋째로는 소그룹 선교적 공동체를 육성하는 것이다. 공동체 자체를 유지하고 활성화시키는 데 목적이 있던 소그룹을 비신자를 향한 선교 중심적 소그룹 공동체로 전환하는 것이다. 성도 스스로 소그룹을 구성하여 사역을 개발하고 주변 성도들을 독려해 함께 갈 수 있다면, 교회는 자연스럽게 활기 넘치는 선교적인 공동체가 될 것이다(이상훈 2015:105-106).

넷째로 사랑과 섬김의 공동체가 되어야 한다. 교회는 하나님 사랑으로 인하여 출발하였고, 그 하나님의 사랑을 전하는 것이 선교이다. 성경은 선교의 동기가 사랑과 섬김에 있음을 말하고 있다(요 15:9; 마 25:40). 식탁 교제·상호 견책과 용서는 하나님의 가족 공동체 안에서 구체적으로 공동체 의식을 높이는 방법이 된다. 공허한 말보다는 서로를 돌보고 섬기는 실제적인 봉사가 요구된다(최동규 2016:434-435).

다섯째로는 모든 교인들이 '우리는 선교사'라는 자부심을 가져야 한다. 선교사로서 매일 세상으로 파송된다고 생각해야 한다. 그들은 자신의 삶의 다양한 영역에서 말과 행동으로 그리스도의 증인인 선교적 삶을 살아야 한다.

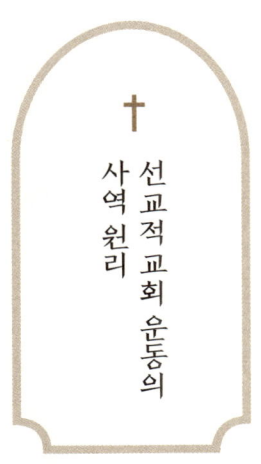

선교적 교회 운동의 사역 원리

21세기 서구 교회는 세속화와 물질지상주의와 종교다원주의 그리고 포스트모던의 영향을 받아, 사회적 영향력과 함께 교인의 대폭적인 감소라는 심각한 위기에 처하게 되었다. 이런 위기적 상황을 극복하기 위한 교회의 응답이 바로 선교적 교회 운동이다. 선교적 교회는 하나님께서 이 세상에 교회를 파송한 진정한 목적과 본질을 회복하고 세상을 바르게 변혁해 갈 수 있는 성서적인 새로운 방향이다. 그렇다면 선교적 교회가 지향하는 사역 원리는 전통적 교회의 사역 원리와 어떤 차이점이 있는 것일까? 신학자와 선교학자들의 분석과 특징을 살펴본다.

1 GOCN의 분석과 특징

북미 지역에서 '선교적 교회'에 대한 논의를 시작한 'GOCN(The Gospel

and Our Culture Network)'은 1998년 기념비적 저작 『선교적 교회(Missional Church)』를 출간하면서, 선교적 교회의 신학적 토대를 마련했다. GOCN의 선교적 교회론의 핵심은 교회의 선교적 본질을 회복하는 데 있다. '선교적(missional)'이라는 용어와 함께 하나님의 부르심과 보냄을 받은 사람들로서 교회의 본질적인 특성과 소명을 역설한다. 선교적 교회는 세상 속에서 하나님의 선교에 참여하기 위해 부름 받고, 보냄 받은 존재로, 본질상 선교적인, 성령에 의해 창조된 공동체로서 존재한다는 것이다.

GOCN이 말하는 선교적 교회의 본질적인 특성과 소명은 다음과 같다. 첫째, 선교적 교회론은 성경적이다. 성경의 증거는 하나님의 선교에 관한 증언이다. 둘째, 선교적 교회론은 역사적이다. 셋째, 선교적 교회론은 현장적이다. 복음은 언제나 문화의 옷을 입고, 하나님의 백성은 그 문화 가운데서 해석되고 성령 충만한 말씀에 응답하며 조직된다. 넷째, 선교적 교회론은 종말론적이다. 교회는 모든 것을 완성하시는 하나님의 약속을 향해 나아간다. 다섯째, 선교적 교회론은 실천적이다. "모든 민족을 제자로 삼아 내가 너희에게 분부한 모든 것을 가르쳐 지키게 하라"(마 28:19-20)는 교회의 증인 역할을 감당한다(구더 2013:38-40).

GOCN의 선교적 교회론은 일반 교회론과는 달리 다음과 같은 선교적 관점에서 교회론을 검토하고 있다. 첫째, 하나님의 구속적 통치로서의 하나님 나라의 개념을 강조한다. 둘째, 하나님의 선교(Missio Dei) 개념으로서, 이는 인간의 선교나 교회의 선교가 아닌 하나님 자신이 선교의 주체가 되신다는 것을 천명한다. 셋째, 지역 교회의 재발견이다. 과거의 교회론이 우주적·보편적 교회의 차원을 강조함으로써 지역성을 상실했다면, 선교적 교회론은 각각 고유한 선교적 상황 속에 놓여 있는 지역 교회와 특수한 교회의 차원을 강조한다. 넷째, 선교적 교회론은 현대 문화에 의해 축소된 개인주의적 신앙의 한계를 극복하는 '공적 제자도(public discipleship)'의 개념을 강조한다. 오늘날 구원은 개인적 차원으로 전락해 버렸다. 하나님의 은혜와 능력이 개인의 차원을 넘어 모든 공동체적 삶의 영역에 미치기 때문에, 기독교 선교를 담당하는 제자 역시 공적 제자도를 실천해야 한다(최동규 2010:238-241).

GOCN이 추진한 '선교를 향해 변화하는 교회들(Developing Congregational Models)' 프로젝트의 결과로 작성된 선교적 교회의 열두 가지 특징은 다음과 같다.

1. 선교적 교회는 복음을 선포한다.
2. 선교적 교회는 공동체이며 모든 구성원들이 예수의 제자가 되기 위해 배우는 데 동참한다.
3. 성경이 이 교회의 삶의 규범이다.
4. 교회는 주님의 삶과 죽음과 부활에 참여하였기 때문에 스스로를 세상과 다른 존재라고 이해한다.
5. 교회는 공동체 전체와 구성원 각자를, 하나님의 특별한 선교적 소명을 분별하려 애쓴다.
6. 선교적 공동체의 표지는 그리스도인들이 서로를 어떻게 대하는가에 따라 드러난다.

7. 화해를 실천하는 것이 공동체이다.
8. 공동체 내부의 사람들은 사랑 안에서 서로 책임을 지려 한다.
9. 교회는 환대(hospitality)를 실천한다.
10. 예배는 공동체가 하나님의 임재와 하나님이 약속하신 미래를 기쁨으로 경축하며 감사하는 중요한 행위다.
11. 이 공동체는 활발히 공적 증거를 한다.
12. 교회 자체는 하나님 통치의 불완전한 표현이라는 것을 인식한다(프로스트 & 허쉬 2009:32-33).

그러나 GOCN이 제시한 내용은 너무 이론적이고 형이상학적이라는 한계가 있었다. 이후 그들은 본 지표들이 실제 사역 현장에서 적용될 때 발생하는 현상과 특징을 지역 교회 사례 연구를 통해 여덟 가지로 간추려 제시했다. 그 내용은 아래와 같다.

1. 분명한 선교적 소명을 발견한다.
2. 선교에 대한 성경적 기초와 제자도가 세워져 있다.
3. 대조 사회로서의 위험을 감수한다.
4. 세상을 위한 하나님의 의도를 실현하는 구체적 실천이 있다.
5. 공적 증거로서 살아 있는 예배를 드린다.
6. 성령에 대한 의존적 사역을 한다.
7. 하나님의 통치를 향한 지향점을 가지고 있다.
8. 선교적 권위와 리더십이 세워져 있다(Barrett 2004:12-14).

위의 여덟 가지 조항을 살펴보면 각 특성이 독립된 객체가 아니라 서로 긴밀히 연결돼 있음을 알 수 있다(그림 1).

<그림 1> 선교적 교회의 여덟 가지 특징 (이상훈 2017:63)

즉, 지역 교회가 자신에게 주어진 선교적 사명을 인식하게 될 때, 이를 실현하기 위한 성경적 기초와 제자도가 정립된다. 이는 곧 세상과 구별된 공동체로서 하나님 나라의 회복을 위해 세상 속에서 구체적인 선교 사역을 찾아 실행하는 것으로 표현된다. 선교적 교회는 내부적으로 선교를 촉진할 수 있는 예배와 이 사역을 이끄시는 성령의 사역에 민감해야 한다. 교회 공동체가 전적으로 성령께 의존하게 될 때, 그 사역은 결국 하나님 나라를 향하게 된다. 그리고 이 모든 것은 선교적 권위와 리더십이 바로 정립될 때 가능하다는 것이다(이상훈 2017:63).

2 프로스트와 허쉬의 분석과 특징

마이클 프로스트와 앨런 허쉬는 제도화된 교회와 선교적 교회의 사역 형태를 비교 설명한다. 제도화된 교회란 지난 11세기 동안 유럽 사회를 지배했던 '기독교 제국(Christendom)'의 특징을 갖고 있는 전통적 교회를 말한다. 선교의 역동성을 갖기 힘든 전통적이며 제도화된 교회의 특징은 '끌어당기고(attractional)', '이원론적(dualistic)'이며, '계급적(hierarchical)'인 구조로 이해된다.

첫째, 제도화된 교회는 사람들을 교회로 모으는(gathering) 것에 힘을 쏟는 경향이 강하다. 매력적인 건물과 환경·수준 있는 음악과 다양한 프로그램 등을 만들어 사람들로 하여금 찾아오게 하는 구조를 가진다는 것이다. 그래서 백화점식의 초콜릿 가게와 같은 교회가 되려고 한다. 그러나 선교적 교회는 이러한 수동적 구조를 탈피하고, 세상을 향해 적극적으로 나아간다. '와서 보라(Come-To-Us)'의 개념을 떠나 '찾아가라(Go-To-Them)'는 형식을 취한다.

둘째, 제도화된 교회는 이원론적 사상에 빠지는 경향이 있다. 성과 속·교회와 세상·성직과 세상의 직업, 그리고 나와 너를 구분한다. 그래서 이러한 교회는 교인들을 더 교회로 모으려는 경향을 가속화하는 데 일조하게 된다. 만일 공적인 예배가 이루어지는 장소만이 거룩하며, 그곳에서 이루어지는 만남과 교제에 더 큰 의미와 가치를 둔다면 예수님의 성육신과 이에 기초한 사역들은 그 토대를 잃고 말 것이다. 그러나 포스트모던 시대의 선교적 교회는 성도들이 거하는 지역 공동체를 선교지로 인식하고 그 문화를 선교적 자원으로 삼는다.

셋째, 제도화된 교회는 교회중심주의가 강하기 때문에 성직자를 중심으로 한 계급적인 리더십 구조를 가진다. 계급적 리더십은 평신도들을 수동적 존재로 만든다. 선교적 교회의 리더십은 '모두가 하나님의 기업을 상속받을 자'라는 만인제사장으로서 성도들의 역할을 이해하는 데에서 출발해야 한다. 그래야 각자의 은사에 따라 사역을 감당하며, 수평적인 리더십을 형성함으로써 얻게 되는 유기체적 사역을 실현할 수 있다.

그렇다면 선교적 교회가 본질적으로 갖추어야 할 새로운 대안은 무엇인가?

첫째로, '성육신적(Incarnational)' 교회론이다. 하나님의 보내심을 받은 예수님은 이 땅에 인간의 모습으로 '성육신(incarnation)'하셨다(요 1:14; 빌 2:5-8). 예수님의 성육의 완성은 '십자가(the Cross)'인데, 그 핵심은 '섬김(servant leadership)'이다. 세상으로 보내어진 교회는 예수님의 몸으로서, 주님의 제2의 성육신과 같다. 그러므로 지상의 교회는 끌어모으기식 태도 대신 세상으로 스며드는 낮아진 교회가 되어야 한다.

둘째로, 메시아적(Messianic) 영성이다. 교회와 세상을 구분하는 이원론이 아닌 문화와 세상에 참여하는 메시아 예수님의 영성을 본받아야 한다. 세상을 거룩한(종교적인) 것과 속된(비종교적인) 것으로 나누어 보지 않고 그리스도처럼 세상과 그 안에 있는 하나님의 처소를 총체적·통합적으로 보는 것이다(프로스트 & 허쉬 2009:33). 예수님의 성육하신 몸인 교회는 '메시아적 영성'을 가지고 세상의 유일한 희망으로서 세상의 '메시아'가 되어야 한다. 따라서 선교적 교회의 존재와 활동은 모두 구속적(redemptive)인 것이어야 한다.

셋째로, '사도적(Apostolic)' 리더십이다. 사도적 리더십이란 에베소서 6장에 나오는 '사도·선지자·복음 전하는 자·목사와 교사'의 5중 모델을 인정하는 수평적인 리더십 형태를 말한다(프로스트 & 허쉬 2009:33). 선교적 교회는 제도화된 교회가 가진 계급적 리더십 구조가 아닌, 세상으로 보냄 받았기에 세상으로 나아가는 섬김의 '사도적 리더십'을 가져야 한다.

3 스테처의 분석과 특징

에드 스테처(Ed Stetzer)는 선교적 교회 운동이 일어나게 된 실제적 배경이 교회의 상황 변화에 대한 인식에서 기인했음을 밝힌다. 무엇보다 북미 지역이 선교지로 변했다는 인식을 통해 교회 공동체가 위치한 지역 사회가 일차적 선교지라는 사실과 그곳에서 하나님 나라를 위한 사역이 이뤄져야 한다는 소명을 받아들이게 됐다는 것이다. 그로 인해 선교적 교회로의 모험에 동참하게 된 교회들은 그들의 사역 방식 또한 선교적으로 바뀌게 되었다. 스테처는 선교적 교회론이 교회 성장론과 건강한 교회론과는 다른 패러다임을 보여 준다면서, 이는 다음과 같이 이동하는 사고의 전환을 요구한다고 말한다.

1. 프로그램(programs)에서 과정(processes)으로
2. 인구 통계(demographics)에서 분별(discernment)로
3. 모델(models)에서 선교 사역(missions)으로
4. 매력적 사역(attractional)에서 성육신적(incarnational) 사역으로
5. 획일성(uniformity)에서 다양성(diversity)으로
6. 전문적(professional)에서 열정적(passtionate)으로
7. 정착(seating)에서 보냄(sending)으로
8. 결신(decisions)에서 제자(disciples)로
9. 더해짐(additional)에서 기하급수적 증식(exponential)으로
10. 기념비적 업적(monuments)에서 운동(movements)으로(Stetzer & Putman 2006:48).

스테처는 선교적 교회론이 교회 성장론과 건강한 교회론을 배격해서는 안 된다고 주장한다. 오히려 교회 성장론과 건강한 교회론 위에 선교적 교회론이 세워져야 한다고 말한다. 교회 성장론은 잃은 자를 주목하고, 건강한 교회론은 교회의 통전적 구조를 강조하는 등 각 이론이 가지고 있는 가치들이 있다는 것이다(Stetzer, Putman 2006:50). 스테처는 그것을 다음과 같은 비교 차트로 보여 준다〈표 1〉(Stetzer & Putman 2006:49).

스테처는 교회 성장론과 건강한 교회론이 가지고 있는 한계를 극복하는 패러다임으로 선교적 교회론을 제시한다. 지역 문화를 선교적 상황으로 읽

어 내는 시도를 통해, 자신의 상황에서 자신의 교회에 적합한 하나님의 독특한 비전을 발견해야 한다는 것이다. 다시 말해서 특정한 문화에 복음을 전하기 위해서 교회는 상황에 적합한 최선의 형태를 갖추어야 한다는 것이다(E. Stetzer & Putman 2006:48-50). 수적 성장을 목적으로 한 교회들은 소비자를 충족시킬 다양한 프로그램과 세대별 전략을 세우고 특정 교회의 성공 모델을 복제하는 특성을 보인다. 당연히 사람들을 끌어들이기 위한 다양한 서비스를 제공하고 유행에 민감하며 창조성이 모자란 획일적 사역을 받아들인다.

교회 성장 (church growth)	교회 건강 (church health)	선교적 교회 (missional church)
초청자로서의 교인	목회자로서의 교인	선교사로서의 교인
회심/세례	제자도	선교적 삶
전략적 계획	성장 프로그램	사람을 세움
스태프진 주도	팀 리더십	개인적 선교
계획 중심적	공동체 중심적	공동체 변화
집회	훈련	해방
증가	내적 그룹 배가	교회 개척 배가
단일성	다양성	조화
인간 중심적	교회 중심적	신 중심적
선교대명령 (마 28:19-21)	대계명 (마 22:27, 39)	하나님의 선교 (Missio Dei)

<표 1> 교회 성장론, 건강한 교회론, 선교적 교회론 비교

교회의 사역은 대부분 신학 교육을 받은 전문 성직자를 의지하고, 어떻게 성도를 교회에 붙들어 놓을까를 고심한다. 나아가 개인적 결단에 초점을 맞춘 성장 중심적 사역을 하게 되고, 결국은 자신이나 교회가 기억될 수 있는 기념비를 세우는 것으로 끝나게 된다. 반면에 선교적 교회는 교회를 그리스

도의 몸으로서 인식하며 유기체적 사역을 강조한다. 교회가 위치한 지역 사회의 필요와 특성을 식별하고 선교사로서 어떻게 그 지역에 하나님의 나라를 세울 것인지를 총체적으로 살핀다. 당연히 지역 사회에 깊이 침투하기 위해 성육신적 사역을 하되 자신의 은사에 맞는 다양한 방법을 찾는다. 모든 성도를 예수의 제자로 훈련해 교회와 세상을 섬기도록 격려하며 그들을 세상으로 보내기 위해 역량을 집중한다. 하나님의 선교에 동참한 성도들의 헌신은 곧 겨자씨와 누룩과 같이 급속한 번식을 이루며 이 땅에서 하나님의 나라가 실현되는 운동으로 발전한다(Stetzer & Putman 2006:60-71).

4 이상훈의 분석과 특징

이상훈은 선교적 교회가 하나의 획일적 모델이나 패턴으로 정형화될 수 없다는 점을 밝힌다. 북미 지역에서 일고 있는 선교적 교회를 좀 더 깊이 있게 이해하기 위해 100개 이상의 교회를 방문해 연구한 결과, 선교적 교회는 무엇보다 자신이 놓여 있는 지역사회에서 앞서 행하고 계시는 하나님의 선교를 식별하고 그 사역에 동참하는 것을 최우선적 과제로 여긴다는 것이다. 다시 말하면, 선교적 교회는 하나의 탁월한 사역을 모델로 삼아 흉내 내는 것이 아니라 교회 공동체가 놓여 있는 지역적 위치와 성도들의 특성과 은사, 부르심에 대한 확인을 통해 자신에게 부여된 고유한 사명을 찾고 그것에 헌신하는 특성을 가진다.

이상훈은 먼저 각 선교적 교회가 지닌 사역의 특징을 키워드로 정리했다 〈그림 2〉. 그리고 이를 유사 범주로 묶고 다시 통합적으로 정리했을 때 〈그림 3〉과 같은 모습이다.

<그림 2> 선교적 교회의 사역 키워드   <그림 3> 선교적 교회의 사역 특성

이것을 단순화시켜 정리하면 다음과 같은 세 가지 특징으로 설명될 수 있다고 말한다.

첫째, 선교적 교회는 하나님 나라의 관점에서 자기 존재와 부르심에 대한 분명한 인식을 기반으로 세워진다. 교회들은 한결같이 분명한 존재론적 인식을 가지고 있었다. 교회는 세상으로부터 구별된 하나님 나라 백성의 공동체이며 동시에 세상의 회복과 구속을 위해 보냄 받은 공동체라는 사실에 의거, 복음과 성령에 기초한 사역 철학과 선교에 기반을 둔 핵심 가치 · 비전 · 선교적 DNA가 형성되어 있었음을 확인했다.

둘째, 선교적 교회는 신앙 공동체로서의 내적 사역이 건강하게 이뤄질 때 가능하다. 프로스트와 허쉬는 선교적 교회의 사역 원리를 제시하면서, 매력적이며 끌어모으는 사역(come to us, attractional model)에서 보내는 사역(go to them, sending model)으로 전환해야 함을 주장했다(Michael Frost, Alan Hirsh 2003:41-42). 전통적인 교회가 모이는 사역에만 집중하면서 발생한 왜곡을 분명히 직시할 수 있어야 한다. 그러나 보내는 사역만으로는 선교적 교회가 현실적으로 실현될 수 없다. 선교적 교회를 연구하면서 가장 중요하게 발견한 부분이 이 점이었다. 실제, 선교적 사역이 건강하게 이뤄지고 있는 교회들은 그 어떤 교회보다 강한 예배와 소그룹·제자 훈련 등이 이뤄지고 있었다. 성령의 임재를 경험하고 예수 그리스도의 몸을 이루는 지체들이 하나의 공동체를 이루게 될 때, 교회는 세상으로 나아갈 힘과 용기를 얻는다.

셋째, 선교적 존재로서 자기 정체성을 확립하고 성령께서 이끄시는 공동체가 세워진 교회는 자연스럽게 세상에 나아가 하나님의 선교 사역에 동참하게 된다. 미시적으로는 지역 사회와 공동체의 필요를 찾아 섬기고, 거시적으로는 세계 선교를 위한 비전을 품고 선교사를 보내고 사회 정의와 변화를 촉진하는 선교적 공동체가 된다. 모이는 교회가 성령의 이끄심으로 흩어지는 교회로 발전하게 되는 것이다(고헌 2012:256-257).

〈그림 4〉는 선교적 교회의 사역 흐름이 어떻게 이루어지는지를 보여 준다(이상훈 2015:226).

<그림 4> 선교적 교회의 사역 흐름

먼저, 공동체가 선교적 정체성과 사명을 발견하는 것이 선행되어야 한다. 이때 중요한 것은 리더 한 사람의 비전과 의도가 아니라 전 성도들이 함께 참여하고 고민하는 과정을 공유하는 것이다. 아무리 교회 지도자의 비전과 목적이 훌륭하다 할지라도 그것이 성도들과 공유되지 못하면 자발적 사역을 끌어낼 수 없다. 이 과정을 위해 교회는 예배·제자도·공동체 전반에 걸쳐 선교적 영성을 입히고, 선교 의식이 충만해질 수 있도록 노력해야 한다. 내적 선교 의식이 외적 선교 의식으로 이어질 수 있도록 이끌어야 한다.

선교학적 해석

이 장에서는 선교적 교회 운동의 이해로서 이머징 교회와 선교적 교회, 선교적 교회의 제자도, 선교적 공동체, 선교적 교회 운동의 사역 원리 등을 살펴보았다.

포스트모던 시대의 위기에 처한 교회가 새로이 추구해야 할 모델로 이머징 교회와 선교적 교회가 떠오르고 있다. 이들 교회는 포스트모던 문화의 거친 도전 속에서 무기력해 보이는 제도화된 교회의 한계에 대한 인식으로부터 시작되었다. 이들은 새롭게 부상하는 세대에게 복음을 전파하고자 실천적 노력을 강조하는 선교적 공동체이다. 이들의 최우선적 과제는 교회의 양적 성장을 위한 전략이나 프로그램이 아닌, 실천적인 측면에서 예수의 말씀을 따르는 진정한 신앙 공동체의 형성이다.

이머징 교회는 포스트모던 시대의 상황 속에서 예배와 선교와 공동체를 탐구하는 교회로 규정할 수 있는데, 특히 선교에 초점을 맞춘 공동체를 지향한다. 이머징 교회는 '고전적 가치를 지닌 믿음의 예배'를 추구하며, 초대 교회의 원초적이고 고귀한 예전의 회복을 추구한다. 이머징 예배의 특징은 신비감이 우러나올 수 있는 분위기와 기도 처소 · 미술 처소 또는 작문 처소와 같이 유기적 분위기 속에서 성도들이 참여할 수 있는 공간에 있다. 이머징 교회의 가장 일반적인 형태는 가정교회이다.

그들은 예수 그리스도와 그의 제자들이 모델로 보여 주신, '새로운 가족'을 추구한다. 이들은 구성원 간의 관계와 깊은 삶의 나눔을 강조하면서 소그룹을 통해 집중적인 교제를 나눈다. 이 소그룹은 주중에 반드시 한 차례 이상 식사를 나누며 반드시 비그리스도인을 초청해야 하는데, 이 환대는 이머징 교회의 삶의 방식이다. 이들은 비그리스도인들에게 그들의 삶을 보여 주는 것이 가장 효과적인 선교라고 생각한다. 이들 가정교회의 주일 예배는 지역의 가정교회들이 모두 한자리에 모여 드리는 것이 일반적이다.

선교적 교회는 '하나님의 선교'라는 개념에서 출발하였다. 선교적 교회에서 선교는 성부 하나님이 성자 하나님을 이 땅에 보내시고, 성부와 성자 하나님이 성령 하나님을 보내신 '삼위일체 하나님의 선교'를 지칭한다. 따라서 교회는 본질상 선교적이며, 동시에 하나님의 선교에 전심을 다할 때에만 진정한 교회가 된다는 것이다.

선교적 교회의 핵심적인 과제는 한마디로 "그러므로 너희는 가서 모든 민족을 제자로 삼아 아버지와 아들과 성령의 이름으로 세례를 베풀고 내가 너희에게 분부한 모든 것을 가르쳐 지키게 하라 볼지어다 내가 세상 끝 날까지 너희와 항상 함께 있으리라 하시니라"(마 28:19-20)고 하신 말씀에 순종하는 것이다.

하나님의 선교는 하나님의 아들 예수 그리스도의 주권을 구원받은 모든 피조물 위에 세우려는 것이며, 그 예수 그리스도가 승천하기 직전 그의 열두 제자들에게 직접 말씀하시고 명하시고 부탁하신 위임이기 때문이다.

윌버트 쉥크(Wilbert R. Shenk)는 선교적 교회의 특성을 다음의 다섯 가지로 말하고 있다.

첫째, 선교적 교회는 그들의 가장 우선시되는 임무가 하나님 나라를 증거하는 것임을 분명하게 인식한다.

둘째, 교회는 세상에 깊이 참여하지만 세상에 의해 조종당하지는 않는다.

셋째, 선교는 메시아 예수의 실천을 본받는 것이다. 즉, 선교는 십자가의 모습이다.

넷째, 선교적 교회는 종말에 대한 강렬한 인식을 가지고 있다.

다섯째, 선교적 교회의 체계는 세상을 향한 교회의 선교를 섬기고 지원할 것이다. 선교적 교회는 구체적인 지역에 동등하게 참여해 이웃이 되는 과정을 중시함으로써 이웃 자체가 되는 것을 목적으로 삼아야 한다. 그리고 이러한 이웃 됨은 우리 교회와 그리스도인의 몸으로 일상에서 함께하는 것이어야 한다.

예수님께서는 대위임령에서도 분명히 밝히신 것처럼 "너는 가서 모든 민족을 제자로 삼으라"고 하셨다. 제자가 되게 하는 것 자체가 선교적이다. 우리의 선교는 예수님의 선교에 참여하는 것이다. 따라서 예수님의 삶을 따르는 제자도의 실천이야말로 진정한 예수님의 선교라 할 수 있다. 예수의 제자가 된다는 것은 세상 속으로 들어가서 그들을 이해하며, 삶을 함께하면서, 복음을 전할 때 '타자'를 얻어 '우리'가 되는 것이다.

선교적 교회는 세상과 함께해야 한다. 선교적 교회에서의 성도는 제자의 삶에 참여하는 것을 의미하며, 세상 속에서 그들과 함께하고, 복음을 전하는 자를 말한다. 제자도는 선교적 교회의 사명을 다하는 삶이라고 할 수 있다.

선교적 교회는 제자도에 의해 완성되고 교회 본연의 모습을 띠게 되며, 그 공동체 속에 있는 성도들은 자연스레 제자의 삶을 살아가게 된다. 선교적 교회에는 제자도를 접목하고 실천하는 부분으로서 성육신적 삶, 성령 안에서 사는 삶, 섬기는 삶, 사도적 삶, 증인의 삶이 나타난다.

교회는 본질적으로 공동체이다. '하나님의 공동체'인 교회는 하나님의 복음을 전하는 선교를 위하여 존재한다. 따라서 교회는 예수 그리스도의 명령인 '선교하는 공동체'가 될 때, 그 존재 가치가 있는 것이다. 교회가 선교적 공동체성을 회복하기 위한 방안은 첫째로 하나님 나라에 대한 비전을 회복해야 한다. 둘째로는 교회가 선교란 관점으로 하나가 되어야 한다. 셋째로는 소그룹인 선교적 공동체를 육성하는 것이다. 넷째로 사랑과 섬김의 공동체가 되어야 한다. 다섯째로는 모든 교인들이 '우리는 선교사'라는 자부심을 가져야 한다.

  선교적 교회가 지향하는 사역 원리는 전통적 교회의 사역 원리와 어떤 차이점이 있는 것일까? 북미 지역에서 '선교적 교회'에 대한 논의를 시작했고 신학적 토대를 마련한 'GOCN(The Gospel and Our Culture Network)'은, 선교적 교회의 현상과 특징을 여덟 가지로 제시했다. △분명한 선교적 소명을 발견한다. △선교에 대한 성경적 기초와 제자도가 세워져 있다. △대조사회로서의 위험을 감수한다. △세상을 위한 하나님의 의도를 실현하는 구체적 실천이 있다. △공적 증거로서 살아 있는 예배를 드린다. △성령에 대한 의존적 사역을 한다. △하나님의 통치를 향한 지향점을 가지고 있다. △선교적 권위와 리더십이 세워져 있다.

  또 프로스트와 허쉬는 선교적 교회가 본질적으로 갖추어야 할 새로운 대안으로 '성육신적' 교회론과 메시아적 영성, 그리고 '사도적' 리더십을 제시하고 있다.

  에드 스테처는 선교적 교회론이 교회 성장론과 건강한 교회론과는 다른 패러다임을 보여 준다면서, △프로그램에서 과정으로 △인구 통계에서 분별로 △모델에서 선교 사역으로 △매력적 사역에서 성육신적 사역으로 △획일성에서 다양성으로 △전문적에서 열정적으로 △정착에서 보냄으로 △결신에서 제자로 △더해짐에서 기하급수적 증식으로 △기념비적 업적에서 운동으로 이동하는 사고의 전환을 요구한다고 말한다.

 또한 이상훈은 하나의 획일적 모델이나 패턴으로 선교적 교회를 정형화할 수 없다면서, 선교적 교회는 무엇보다 자신이 놓여 있는 지역 사회에서 앞서 행하고 계시는 하나님의 선교를 식별하고 그 사역에 동참하는 것을 최우선적 과제로 여긴다고 말한다. 이상훈은 선교적 교회의 특징을 다음의 세 가지로 설명한다.

 첫째, 선교적 교회는 하나님 나라의 관점에서 자기 존재와 부르심에 대한 분명한 인식을 기반으로 세워진다. 둘째, 선교적 교회는 신앙 공동체로서의 내적 사역이 건강하게 이뤄질 때 가능하다. 셋째, 선교적 존재로서 자기 정체성을 확립하고, 성령께서 이끄시는 공동체가 세워진 교회는 자연스럽게 세상에 나아가 하나님의 선교 사역에 동참하게 된다.

　이제 다음 장에서는 선교적 교회 성장 운동에 대한 사례 연구로서, 여러 사역 모델을 살펴보고자 한다.

교회성장운동에 대한 가장 큰 오해는 그 초점과 목적이 사이즈와 숫자에 집중되는데 있다. 거기에는 이제까지 대부분의 연구가 대형교회를 중심으로 이뤄져 왔다는 것도 하나의 이유일 것이다. 그러나 건강한 교회가 모두 대형 교회로 성장하는 것은 아니다. 이 세상에는 작은 교회들이 훨씬더 많다. 이제 우리의 관심은 사이즈를 넘어 어떻게 교회가 선교적 사명을 회복하고 자신의 현장에서 하나님 나라 확장을 위해 쓰임 받을 수 있을 것인가에 있다. 그런 맥락에서 본 장에서 다루는 케이스들이 작은 공동체가 어떻게 강력한 하나님 나라의 촉매자가 될 수 있는지를 발견하는 계기가 되기를 소망한다.

Desire
for a Healthy Church

제 5 장

선교적 교회 성장의 사례

오가닉교회
Organic Church

　오가닉 교회(Organic Church)의 중심적 역할을 감당하고 있는 곳이 교회증식협회(CMA, Church Multiplication Associates)이다. 오가닉 처치 운동을 시작한 닐 콜 목사가 세웠고, 지금도 대표로서 일선에서 왕성하게 활동하고 있다. 전 세계적으로 확산되고 있는 오가닉 처치는 캘리포니아주 롱비치가 발원지다.

　그러나 정작 롱비치는 '오가닉'이라는 단어가 무색한 도시다. 도시 이름처럼 태평양을 끼고 기다란 해안선이 이어지지만 해변이 그리 아름답지만은 않다. 오히려 남가주의 다른 비치에 비교하면 관광객들이 찾을 만한 매력은 훨씬 뒤로 처진다. 기다란 해수욕장 앞에는 인공 섬들이 떠 있고 원유를 끌어내는 펌프들의 '흉측한' 장면이 흥을 깨 버린다. 게다가 옆에 맞붙어 있는 샌피드로는 미국 서해안에서 가장 큰 규모의 무역 항구다. 항상 대형 컨테이너 선박들이 바다 위에서 줄지어 하역 순서를 기다리고 있다. 롱비치는 한마디로 중산층 크리스천들이 주일에 삼삼오오 교회로 몰려드는 이상적인 도시가 아니라는 이야기다. 전형적인 항구 도시로, 해가 지면 경찰차와 앰뷸런스의 사이렌 소리가 끊임없이 이어진다.

왜 하필 이런 곳에서 오가닉 처치가 꽃을 피웠을까? 언뜻 안 어울리는 듯 보이지만 역설적으로 롱비치는 예수 그리스도의 성육신을 증거하는 교회가 세워질 만한 가장 성경적인 환경을 갖고 있다. 닐 콜 목사는 자신의 저서 『오가닉 처치』에서 자기 집 근처에 세워진 오가닉 처치를 본인도 몰랐다고 하며 일화를 소개하고 있다.

커피숍·식당·주차장·사무실·가게 등에서 수시로 번식하는 오가닉 처치를 CMA나 사역자 자신들도 일일이 파악한다는 것 자체가 불가능하기 때문이다. 오히려 진짜 오가닉 처치의 확산이라면 이런 상황이 정상일 것이다. 닐 목사는 책에서 스트립바에서조차 오가닉 처치 예배가 이뤄진다고 소개한 바 있다. 롱비치야말로 술집이든, 스트립바든, 창고든, 한밤중 허름한 아파트 로비에서든 예배가 이뤄질 만한 가장 적합한 도시 가운데 하나인 셈이다.

복음과 세상이 만나는 접촉점이 첨예하게 부딪치는 곳에서 오가닉 처치는 문을 연다. 대부분 자신이 예수 그리스도를 만나고 알게 된 장소와 유사한 환경에서 평신도 사역자들이 '과거의 본인과 비슷한' 사람들에게 생명의 빛을 전해 준다. 하지만 이들은 다짜고짜 사영리를 전하며 사람들을 진저리치게 하지 않는다. 커피숍에서 옆에 앉은 고객과 스포츠 이야기를 나누며 친분을 쌓고, 직장에서 동료를 도우며 관계를 형성한다. 그리고 교회로 데려오는 대신 바로 그곳, 영적 불꽃이 튄 현장에서 모임을 이어 간다. 여기서 훈련되고 성장한 교인은 다시 세상의 삶을 살아가며 비신자를 만나고 가까워지면서 복음으로 이끈다. 이와 같은 방식으로 오가닉 처치는 종래의 전통적 교회의 틀을 깨면서 무서운 속도로 퍼지고 있다.

닐 목사는 그의 저서 『오가닉 처치』에서 6년 만인 2005년, 23개 국가에 걸쳐 700개 이상의 교회가 세워지고 있다고 했다(닐 콜 2010:62). 미국의 타주나 유럽, 호주와 일본 등에 오가닉 처치가 퍼져 있지만 모두를 파악하지 못한다는 게 솔직한 상황이다.

오가닉 처치를 이야기하면 대부분 평신도 리더의 훈련과 리더십 세우기에 대해 가장 먼저 우려를 표시한다. CMA도 이와 같은 약점을 잘 알고 있다. 그래서 다양한 교육 프로그램을 운영하면서 교역자와 평신도 리더를 향한 재교육에 사역의 큰 부분을 할애하고 있다. 실제로 교육 프로그램은 CMA 본부가 진행하는 사역 중에서 가장 우선적으로 다양하게 추진되고 있다. 닐 콜 목사가 직접 강의하는 2일 세미나부터 하루짜리 워크숍이 여러 가지 마련돼 있다. 워크숍은 '탐색과 구조(search and rescue)', '오가닉 전도(organic evangelism)', '오가닉 리더십(organic leadership)' 등 다각적으로 진행된다. 보통 오전 8시 30분에 시작해 점심을 먹고 오후 4시 30분까지 이어지는 커리큘럼을 갖고 있다.

교육 프로그램 중에서 중점적으로 강조하는 게 '그린하우스(Green House)'이다. 모두 4단계로 구성된 그린하우스는 오가닉 처치 개척부터 전도, 인도, 생활 등 세부적인 가치와 실천 사항을 교육한다. 오가닉 처치의 성도는 한 달에 한 번 지역별로 모여 함께 그린하우스 예배를 드리며 교제하고 서로 필요한 부분을 나눈 뒤 지원을 주고받는다. 또 리더들은 1년에 한 번 CMA가 준비한 그린하우스 집회에 돌아와 재생산과 성장을 위한 교육과 네트워킹을 점검하고 보완하는 과정을 갖는다.

에드 와큰(Ed Waken) 목사는 닐 콜 목사와 CMA 사역을 이끌어 가는 핵심 사역자다. 오가닉 처치 사역에서는 서열을 운운하기 힘들다. 수평적 리더십이 오가닉 처치의 기본 동력 중 하나이기 때문이다. 그러나 사실상 닐 목사 다음으로 와큰 목사는 많은 일을 하고 있다. 와큰 목사는 리더십 교육에 대한 질문을 듣고 "워크숍 등 교육 프로그램에 참여한 로컬 리더들은 보다 깊은 토론이 얼마나 중요한지를 깨닫는다"고 강조했다. 또 "각자의 오가닉 처치에서 사람들끼리 보다 효율적이고 진지한 논의와 모임을 가질 수 있도록 리더가 모임을 조직하고 운영하게 된다"고 밝혔다. 오가닉 처치가 구성원 간의 수평적이며 공개적인 대화를 얼마나 중시하는지를 보여 주는 이야기다.

와큰 목사는 "참석자들이 '무엇을 해야 할지'를 알게 하려는 게 아니라 '더 많은 질문을 하도록' 대화를 이뤄 간다"고 말했다. 질문하고 대답을 하는 과정이야말로 주님의 방식을 추구하고 배워 가는 훌륭한 방법이라는 것이다.

와큰 목사는 "CMA가 각종 워크숍에 참석하는 그룹의 요청에 따라 장소와 날짜를 유기적으로 조정하고 있다"면서 "필요에 따라서는 강의 기간도 하루에서 이틀이나 사흘로 연장하기도 한다"고 전했다. 평신도 리더십의 취약점을 보강하기 위한 나름의 대비책을 나름 여러 겹으로 마련하고 있는 것이다.

오가닉(Organic)이란 '유기농의, 화학 비료를 쓰지 않는'이란 뜻을 가지고 있다. 닐 콜은 건강한 생명체와 자연스러운 증식을 강조하는 뜻에서 '오가닉 처치'라는 말을 썼다고 한다(콜 2006:60). 예수님이 가르치고 세우심으로써 번식하는 건강한 교회라는 의미도 담고 있다.

오가닉 처치 운동의 최소 단위는 'LTC(Life Transformation Group, 삶을 변화시키는 단체)'다. LTC는 두세 명이 매주 만나, 진정한 영적 삶을 살도록 서로 격려하는 모임이다. 성별로 나뉜 이 그룹의 구성원들은 서로의 삶에 깊이 관여한다. 서로 죄를 고백할 뿐 아니라 많은 분량의 성경을 반복해 읽으면서 매주 주님과 동행할 힘을 얻는다. 또 주님을 떠난 친구·가족·동료·이웃을 위해 열심히 기도한다는 점에서 LTC는 선교 단체이기도 하다(콜 2006:66-67).

오가닉 처치의 비전은 △하나님의 음성을 듣고 그분의 인도하심을 따른다(잠 16:3). 목표를 세우고 전략을 만드는 것은 나쁘지 않지만, 반드시 우리의 계획보다 하나님의 뜻이 우선되어야 한다. △관계 중심의 선교를 펼친다. △두세 명의 작은 그룹들로 교회 생명체를 탄생시킨다. △새로운 신자를 리더로 양성한다. △권한을 나눠 주고 주인 자리를 내놓는다. 우리가 맡기기만 하면 주님이 알아서 좋은 열매를 맺게 해 주신다. △건강한 제자-리더-교회의 순으로 증식 운동을 일으킨다 등이다.

오가닉 처치의 교회 증식을 위한 다섯 가지 원칙은 다음과 같다.

첫 번째는 '기도'다. 교회 개척의 로맨스는 기도로 시작된다. 먼저 기도하고, 나중에도 기도하고, 도중에도 마찬가지로 열심히 기도하라. 예수님의 가르침은 지극히 단순하다. 그저 기도하라는 것이다. 누가복음 10장 2절 "이르시되 추수할 것은 많되 일꾼이 적으니 그러므로 추수하는 주인에게 청하여 추수할 일꾼들을 보내 주소서 하라"는 말씀에 따라 일꾼을 보내 달라고 기도하라. 오가닉 처치는 이 기도 운동을 "10:2 바이러스"라고 부르는데, 매일 아침 10시 2분에 더 많은 일꾼을 보내 달라고 기도하는 것이다(콜 2006:256-258).

교회 증식을 위한 두 번째 원칙은 '관계'이다. 복음이 들어가지 않은 집단을 찾아 관계를 맺는 것이다. 중독자 집단·동네 갱단·동성애자·사교도 모임·고등학교·대학·부랑자·동네 술집 등 왕국 확장의 열쇠는 건물을 세우는 것이 아니라 왕국을 갈망하는 사람들 속으로 들어가는 것이다(콜 2006:259-261).

세 번째는 하나님 왕국이 가까워졌다고 말하는 것이다(눅 10:10-12). 예수님은 제자들을 보내시면서 그들에게 하나님 일을 할 권세가 있다고 말씀하셨다. 제자들의 임무는 남들이 수긍하든 수긍하지 않든 하나님 왕국이 가까워졌다고 말하는 것이었다. 오가닉 처치는 "네가 어디를 가든 왕이 따라가며, 왕이 따라가는 곳마다 사람들이 절한다."란 표어를 사용한다(콜 2006:262-267).

네 번째 원칙은 복음의 메시지에 귀를 여는 평화의 사람을 찾는 것이다. 이런 사람을 찾으면 함께 머물면서 그의 '집 전체(오이코스)'를 변화시켜야 한다. 새로운 오이코스 안에서 한 사람이 그리스도를 영접하면, 이 사람을 평화의 사람으로 봐야 한다. 평화의 사람은 왕국의 메시지를 잃어버린 사람의 공동체 전체로 흘려보내는 통로가 된다. 성경에 나오는 자색 옷감을 파는 루디아(행 16:14), 우물가의 사마리아 여인(요 4장), 고넬료(행 10장), 귀신 들렸던 거라사인(막 5장) 사람 등이 평화의 사람이라 할 수 있다(콜 2006:268-272).

마지막 다섯 번째 원칙은 목적이 있는 사람을 찾는 것이다. 예수님은 평화의 사람을 통해 일단의 무리를 개심시킨 후에 그들과 함께 머물면 그 비옥한 토양에서 교회가 일어난다고 말씀하셨다(마 10:11-13). 평화의 사람이 몇 명을 그리스도께 데려오면 교회가 탄생한다. 수확 속에서 태어나고, 또 이웃과 열국의 수확을 위해 태어난 이들이 바로 목적의 사람들이다. 대개 평화의 사람이 자기 집에서 교회를 열며 나아가 그 교회의 새로운 리더가 되기도 한다. 이런 식으로 시작한 교회는 수확 속에서 태어난 후에 새로운 추수의 임무를 받고, 잃은 양들에게 다가간다는 점에서 특별하다(콜 2006:272-275).

오가닉 교회의 사역 원리와 특징은 다음과 같다.

첫째로 작게 시작하여 크게 성장하는 증식이다. 하나님 나라의 성장은 가장 적은 수준에서 출발해야 한다. 예수님은 하나님 나라가 작게 시작하여 증식을 거쳐 크고 방대한 영향력을 발휘해야 한다고 가르치신다. "또 이르시되 우리가 하나님의 나라를 어떻게 비교하며 또 무슨 비유로 나타낼까 겨자씨 한 알과 같으니 땅에 심길 때에는 땅 위의 모든 씨보다 작은 것이로되 심긴 후에는 자라서 모든 풀보다 커지며 큰 가지를 내나니 공중의 새들이 그 그늘에 깃들일 만큼 되느니라"(막 4:30-32). 교회는 다세포로 이루어진 복잡한 실체다. 그러므로 증식을 일으키려면 더 깊은 부분, 즉 하나님 왕국이란 생명체의 최소 단위를 파고들어야 한다. 교회 생명체의 최소 단위는 서로 관계를 맺는 두세 사람의 신자다. 바로 여기서부터 증식이 시작되어야 한다. 그리고 리더를 증식하지 않으면 교회 증식은 없다. 또 제자를 증식하지 않으면 리더 증식은 없다. 다시 말해, 건강한 제자-리더-교회-증식 운동 순서로 나아가야 한다(콜 2006:159-160).

둘째로 '끌어모으기'가 아닌 '찾아가는' 선교이다. 요즘 교회들은 잃은 양들을 예수님께로 데려오려고 고민에 고민을 거듭하고 있다. 하지만 자가 증식하는 교회의 열쇠는 예수님의 손을 잡고 잃은 양들을 찾아가는 것이다. 오가닉 교회는 예배당을 세우는 일에는 관심이 없다. 예수님과 함께 온 세상으로 나아가고 싶을 뿐이다(콜 2006:62). 성경은 "가라."라고 말하지만, 교회들은 "그냥 있으라"고 말한다. 성경은 "잃은 양을 찾으라"고 말하지만, 교회들은 "잃은 양이 교회를 찾아오게 하라"고 말한다.

셋째로 교회는 움직이지 않는 건물이나 기관이 아니라, 살아 움직이는 생명체라는 것이다. 교회는 일주일에 한 번만 드리는 예배가 아니라 하나님 안에서 모인 사람들 자체다. 그러나 기존 교회는 주일 예배가 전부인 양 행동한다. 우리는 푹신한 의자와 에어컨이 쌩쌩 도는 홀, 최고급 음향 시스템을 갖춘 멋진 헛간을 세우는 데 정신이 팔려 있다(콜 2006:65-75). 예배는 1년 열두 달과 24시간 내내 우리 크리스천의 삶 속에서 그리스도를 드러내는 것을 말한다. 성경은 "우리 몸이 성전"(롬 12:1-2)이라고 말한다. 세상이 우리 안에 거하시는 예수님을 보기만 하면, 훨씬 더 많은 사람들이 교회로 달려올 것이 자명한 사실이다.

넷째로 목사나 장로가 아닌 예수님이 주인이신 교회다. 오가닉 처치 운동은 교회를 "이 땅에서 예수님의 소명을 추구하는 영적 가족 안에 예수님이 임재하신 것"으로 이해한다. 예수님께서 "두세 사람이 내 이름으로 모인 곳에는 나도 그들 중에 있느니라"(마 18:20)고 말씀하셨듯이, 예수님의 임재는 교회의 중요한 요소 중 하나다. 세상은 그 무엇보다도 교회 안에 예수님이 계신가부터 보게 되어 있다. 요즘 교회들은 예수님에 '의해서'가 아니라 예수님을 '위해' 사역한다. 둘 사이에는 '엄청난' 차이가 있다. 출석률이나 건물 크기를 따지기에 앞서, 예수님부터 안으로 모신다면 교회의 영향력은 훨씬 더 멀리까지 미칠 것이다(콜 2006:99-100).

다섯째로 수평적 리더십이다. 오가닉 처치 운동의 리더들은 사역을 명령하지 않고 그저 설명할 뿐이다. 권한을 위임하지 않고 그냥 나눠 준다. 모든 권한은 오직 하나님께로부터 나온다. 권한을 전달하는 중간 계층이 필요 없고, 각 개인이 하나님이 주신 나름의 소명을 이룰 수 있도록 권한을 나눠 받는다. 개인이 명령 계통 안의 인간적인 자리가 아닌 그리스도 안의 소명을 통해 권한을 얻는다. 세상에서 가장 강력한 권위는 영적 권위다. 하나님의 지혜로 가득한 말을 하는 사람은 지위나 명함·학력에 상관없이 지도자로 인정을 받는다. 정말로 강력하고 순수한 리더는 지위나 명함에 의지할 필요가 없다. 열정과 지혜와 순수한 사랑에서 권위가 흐르다 못해 넘친다. 하지만 지위나 명함에 의지해 하나님 일을 하려는 순간부터 우리는 병들어 죽어 간다.

소마 선교 공동체
Soma Missional Community

　소마 선교 공동체는 '교회가 모인 가족(Family of Churches)'이라는 사실을 강조한다. 소마 공동체의 정체성이나 구조를 단적으로 보여 주는 대목이다. 소마는 예배 소그룹을 기본 단위로 삼고 지역별 연합체를 세우며 궁극적으로 교회로 이어지는 진행 과정을 갖고 있다. 소그룹은 단순히 교회의 하부 조직이 아니라 가장 핵심적이고 기본적이며 최일선 복음 단위의 위치를 점유하고 있다. 이 모든 구성은 위에서 아래인 수직이 아니라 외부에서 중심으로 향하는 수평적 흐름을 바탕으로 삼는다. 그래서 소그룹을 DNA라고 부른다. 생명체의 가장 기본적인 조직이 DNA인 만큼 신앙 공동체에서도 소그룹이야말로 존재 여부를 결정짓는 근본 바탕이라는 인식을 갖고 있다.

　로스앤젤레스에 인접한 컬버시티에서 주일에 열린 소마 공동체 예배는 지역의 DNA가 한자리에 모이는 공간이었다. LA 지역에서는 버뱅크와 컬버시티 두 곳에서 주일 예배가 열린다. 이 두 장소에는 공통점이 있다. 첨단 엔터테인먼트 산업의 중심지라는 것이다. 두 도시 주변에는 소니를 비롯해 영화사와 방송국 그리고 관련 업체들이 밀집해 있다. 따라서 젊은 층의 IT 전문직 종사자와 디자이너·방송 기술자 등이 몰려 살고 있다.

버뱅크 소마는 두 개의 익스프레션(Expression)이 별도로 모일 만큼의 규모를 이루고 있다. 익스프레션은 DNA가 모인 연합체다. 주일 예배는 익스프레션이 한곳에 모여 드리게 된다. 보통 DNA는 두 명부터 너덧 명으로 구성된다. 그리고 익스프레션은 적게는 여덟 명 정도에서 스무 명 이상이 참여하게 된다.

그중에서 컬버시티 모임은 비교적 소규모로 진행되고 있다. 지난 2015년 4월의 마지막 주일 컬버시티 예배에는 36명의 성인과 9명의 어린이가 자리를 함께했다. 컬버시티의 경우 익스프레션의 멤버가 평균보다 많은 셈이다.

소마 공동체의 주일 예배는 가족적인 분위기 안에서 진행됐다. 초등학교의 조그만 강당을 빌려 예배가 시작하기 전부터 커피와 도넛을 입구에 준비하고 교인들끼리 담소를 나누고 있었다. 어린이들이 어울려 예배를 드리는 까닭에 예배 도중에도 비교적 자유롭게 오가는 모습을 보였다. 하지만 예배는 신중하고 진지하게 진행됐다.

목사의 설교가 시작되기 직전 어린이들은 주일 학교 교사 봉사자들과 퇴

장해 별도로 마련된 교실로 이동했다. 다소 느슨하게 시작된 주일 예배는 엄숙함을 찾았고, 성찬식으로 이어졌다. 특이한 점은 빵과 포도주를 돌리는 순서가 없었다는 것이다. 예배 공간 양옆에 자리한 조그만 탁자 위에 성찬이 마련됐고, 성도는 알아서 빵을 떼고 포도주를 마셨다. 그러고는 서너 명씩 그룹을 지어 둘러선 채로 기도를 드렸다. 대부분 가족이나 DNA 단위로 모여 기도 제목을 나누고 성찬 기도를 올렸다. 이들은 비록 형식을 자유롭게 가지고 있었지만 매주 성찬식을 가질 만큼 진지한 내용의 예배를 드리며 집중하고 있었다. 다음 주에 예수 그리스도를 영접한 새 교인이 인근 고등학교 수영장에서 침례를 받는다는 소식을 전하자 환호성이 터지기도 했다. 주일 예배 이후에는 약 한 시간 정도의 제자 훈련 과정이 마련돼 있다.

이 밖에도 소그룹별로 교제를 하거나 식사를 하기도 한다. 또 한 달에 한 번 정도 전체 교인이 예배 이후에 모이는 시간을 갖고 있다. 개인이나 DNA가 준비해 온 음식을 나눠 먹고 바비큐 파티를 갖기도 한다. 음식 준비는 사전에 정한 스케줄에 따라, 개인의 희망에 따라 각자가 가져올 메뉴를 선정한다고 트랩 목사는 말했다.

트랩 포지(Trap Forge) 목사는 컬버시티 소마 공동체에서 유일한 유급 교역자다. 나머지 사역자들은 모두 평신도 리더들이다. 사정은 버뱅크도 비슷하다. 대부분 사역은 평신도 리더들로 꾸려진다. 소마 공동체 역시 평신도를 중심으로 돌아가는 만큼 리더를 훈련하고 세우는 작업이 중요한 실정이다.

트랩 목사는 "주일에 제자 훈련이 이뤄지고 주중에도 그룹이 만나 신앙을 다져 가지만 리더들은 7주에 한 번 별도로 교육을 받고 있다"고 소개했다. 또 "소마 학교를 운영해 로컬 공동체의 리더들을 모아 1년에 한 번 이상 훈련을 하고 있다"고 말했다. 트랩 목사는 "주중에 한 번 이상은 반드시 모임을 갖는 게 원칙"이라면서 "식사를 함께하기도 하면서 가능한 수시로 만나 가족과 같은 신앙 공동체 의식을 쌓아 간다"며 "절대 일주일에 한 번 만나는 공동체가 아니다."라고 강조했다. 이렇게 만나는 동안 전도 상황이 얼마나 진척되고 있는지, 어려운 점은 무엇인지를 점검하고 새로운 태신자를 놓고 기도를 나누기도 한다는 것이다.

트랩 목사는 '가족의 이미지'를 공동체 안에 심는 게 중요하다고 말했다. 전도든, 기도든, 구제든, 먼저 교인들 스스로 서로 간에 가족과 같은 친밀함을 갖추는 게 급선무라는 이야기다. 그래야 서로 격려할 수 있고, 위로할 수 있으며, 진정으로 도울 수도 있다는 것이다. 자기 주변에 있는 공동체 구성원이 하나님이 복음 전파를 위해 한곳에 불러 모아 준 가족이라는 사실을 실감해야 한다고 트랩 목사는 말했다.

이래야만 DNA와 익스프레션 그리고 예배 공동체를 통해 가족이 된 교인이 삶의 현장에서 비신자를 만나 다시 가족으로 초대하는 과정이 이뤄질 수 있다는 것이다. 공동체는 예수 그리스도 안에서 가족을 이뤄 가는 과정이지 사람들을 교회로 불러들이고 건물을 짓는 기존의 교회와는 개념이 다르다고 강조했다. 또 구성원은 각자 한 사람이 모두 교회 개척자라는 사명감을 갖고 있다고 덧붙였다.

소마 공동체가 가진 원칙이나 사역 전략이 한인 교회 등과 같은 다른 문화권이나 외국에도 적용이 가능하다고 보느냐는 질문에 트랩 목사는 "절대 가능하다"고 대답했다. "하나님 아버지 아래 형제자매로서 성령님이 움직이시면 어느 곳에서나 누구나 신앙의 가족이 될 수 있고 공동체가 형성될 수 있다"는 것이다. 다만 "중요한 점은 예수가 우리의 왕이시며 우리는 성령이 보내는 선교사라는 정체성을 각자가 확신하고 실천하는 것"이라고 강조했다. 그리스도인이라는 정체성만 확실하면 문화나 언어, 국가 등 다른 환경은 얼마든지 극복할 수 있다는 것이다. 또 공동체를 이루는 구성원 간의 세대 격차도 마찬가지로 해결할 수 있다고 덧붙였다.

'소마(soma)'란 헬라어 단어는 "그리스도의 몸 된 교회"를 의미한다. 사도 바울이 에베소서 1장 23절에서 "교회는 그의 몸이니"라고 말하면서, 예수님이 주인 되시는 교회를 묘사하기 위해 사용되었다.

첫 소마 공동체는 교회 개척 지도자인 제프 밴더스텔트(Jeff Vanderstelt)와 시저 카리노우스키(Ceasar Kalinowski)에 의해 시작되었다. 이들은 '건물이 아니라 사람이 중심인 교회', '그리스도의 복음을 통해 부름 받고 보냄 받은 제자들이 양성되는 교회', '개인의 구원을 넘어 공동체와 사회를 품는 교회', '예수님의 성육신 정신을 본받아 세상 가운데 사람들과 섞여 살면서 복음적인 삶을 통해 지속적으로 생명력 있는 공동체를 재생산하는 교회'를 만들기 원했다(이상훈 2015:145).

2004년 시애틀 터코마 지역을 기반으로 시작된 소마 공동체는 처음부터 공동체를 이끌 리더를 양육하는 데 초점을 맞추었다. 9개월이 지나자 4개의 선교적인 공동체를 구성할 수 있었다. 그렇게 2004년 9월 14일, 소마의 공식적인 사역이 시작되었다. 벤더스텔트는 소마 사역의 핵심을 이렇게 이야기했다. "우리의 사명은 선교사로서의 정체성을 가진 '제자를 만드는 제자'를 만들어 다시 세상으로 보내는 것이다!"(이상훈 2015:145-146). 소마 공동체 인터넷 홈페이지(wearesoma.com)에 의하면, 12년 전 이러한 꿈과 비전으로 시작된 작은 공동체는 2015년 현재 미국 약 20개 주에 걸쳐 100여 개 이상의 공동체로 확장되었다.

소마 공동체는 선교적 공동체를 추구한다. 이 선교적 공동체는 소그룹이나 성경 공부 그룹, 봉사 그룹이나 사회 활동 그룹, 또는 교회의 주중 모임과 구별된다. 그들은 소마의 선교적 공동체를 다음과 같이 정의한다. "선교적 공동체는 헌신된 성도들로 구성된 공동체로서(Family), 특정한 지역과 그룹에 속한 사람들에게 복음을 증거하기 위해 선교적 삶을 살아가고(Missionaries), 가시적 형태로 복음을 증거하며(Servants), 자신과 타인의 발전을 위해 서로 책임을 지는(Learners) 제자들의 모임이다"(이상훈 2015:146).

소마 공동체 사역의 원리와 특징은 다음과 같다.
첫째로 교회의 본질인 공동체성을 회복하는 것이다. 공동체는 예수 그리스도 안에서 가족을 이뤄 가는 과정으로서, '가족의 이미지'를 공동체 안에 심는 것이 중요하다. 자기 주변에 있는 공동체 구성원이 하나님이 복음 전파를 위해 한곳에 불러 모아 준 가족이라는 사실을 실감해야 한다. 서로 간에 가족과 같은 친밀함을 갖추어야 서로 격려, 위로하며 도울 수 있고, 복음을 증거할 수 있다는 것이다.

둘째로 소마 공동체가 속해 있는 지역은 가장 기본적인 선교지라는 것이다. 그들은 각자 한 사람이 모두 교회 개척자라는 사명감을 갖고 있다. 공동체를 통해 가족이 된 교인은 삶의 현장에서 친구와 동료와 이웃 등 비신자들을 집으로 초대한다. 그리고 그 모임을 통해 복음을 전하고, 그리스도의 제자가 되기까지 훈련시켜, 또 다른 공동체를 이끌 리더로 성장시키는 것이 목표이다.

셋째로 주일에 한 번 만나는 공동체가 아니라 매일의 신앙 공동체라는 것이다. 이들은 주중에 한 번 이상은 반드시 모임을 갖는다. 가능한 수시로 만나 식사를 함께하기도 하면서 가족과 같은 신앙 공동체 의식을 쌓아 간다. 이렇게 만나는 동안 전도 상황이 얼마나 진척되고 있는지, 어려운 점은 무엇인지를 점검하고 새로운 태신자를 놓고 기도를 나누기도 한다. 서로의 신앙 성장을 위해, 한 집에서 여러 명이 공동체 생활을 하고 있는 경우도 많다.

넷째로 복음의 효과적인 증거를 위해 선교적 공동체의 증식과 분가를 실행한다는 것이다. 소마 공동체의 기본 단위는 보통 2-7명으로 구성되는 '소그룹 선교적 공동체(DNA)'와 DNA의 지역연합체로 8명에서 20명 이상이 참여하는 익스프레션(Expression), 그리고 여러 익스프레션으로 구성되는 하나의 소마 공동체로 이루어진다. 특히 DNA는 가장 핵심적이고 기본적이며 최일선 복음 단위의 위치를 점유하고 있다. 이 DNA에 일정 이상의 사람이 모이면 훈련된 리더와 함께 새로운 DNA를 분가시킨다.

다섯째로 매우 진지한 평신도 리더십 개발과 함께 수평적인 리더십을 지향한다는 것이다. 소마 공동체 대부분의 사역은 평신도 리더들로 이루어진다. 주일에 실시되는 제자 훈련과 주중의 신앙 훈련을 통해 리더로 성장시켜 간다. 리더들은 7주에 한 번 별도로 교육을 받고 있다. 또 정기적으로 소마 학교를 열고 지역 공동체의 리더들을 모아 훈련하고 있다. 매달 리더들은 자신의 리더십 코치를 만나야 하고, 일 년을 주기로 평가를 받는다. 그리고 최소 2-3명의 비그리스도인과 관계를 맺고 이들이 그리스도의 제자가 되도록 이끌어 주고 훈련시켜야 할 책임 또한 져야 한다(이상훈 2015:152). 또한 소마 공동체의 리더십은 은사에 따라 나누어지며, 직책은 권한이 아니라 책임 배분의 의미이다. 수평적인 섬김의 리더십을 이루어 간다는 것이다.

그린랜드 교회
Greenland Church

그린랜드 교회는 남부 캘리포니아 지역에 자리 잡은 교회다. 인근에 밀집한 마켓과 식당에는 한인들이 수시로 드나든다. 한인 이민 교회도 여럿이다. 하지만 그린랜드 교회에는 한인과 관련한 사역이 전무했다. 주류 교인이 모이는 이 교회는 다만 히스패닉 성도를 대상으로 스패니시 미니스트리만 벌이고 있었다.

수년 전 젊은 한인 사역자가 이 교회 담임인 밥 목사를 찾아왔다. 그는 예배 처소를 찾는 중이라며 "혹시 교회 시설 일부를 렌트할 수 있느냐"고 물었다. 이 사역자는 청년들과 함께 2년 전부터 모임을 가져 왔다. 차츰 예배 공동체에 참여하는 젊은이들이 늘었고, 급기야 예배당이 필요하게 된 참이었다.

하지만 밥 목사는 한인 교회에 장소를 내줄 의도가 아예 없었다. 그는 이렇게 말했다. "알다시피 한인이 많이 거주하고 왕래도 무척 많은 곳에 우리 교회가 위치해 있다. 생각해 보라. 지금까지 얼마나 많은 한인 목사들이 나를 찾아와 렌트를 요청했는지 모른다. 내 대답은 언제나 '노(No)'였다." 그리고 잠시 후 밥 목사는 덧붙였다. "그런데 이상하게 오늘은 '노'라는 말이 안 나온다. 다음 주에 다시 한번 올 수 있겠냐. 나도 기도해 보겠다."

한인 사역자는 청년 두어 명을 대동하고 밥 목사를 다시 방문했다. 이 자리에서 밥 목사는 놀라운 제안을 내놓았다. "렌트는 필요 없다. 우리 교회는 충분히 자립이 가능하다. 그러지 말고 아예 '코리안 미니스트리'를 시작해 보는 게 어떠냐. 시설도 마음껏 써라. 다른 것도 가능한 최대로 지원하겠다."

주일 오전 11시가 다가오면 그린랜드 교회는 그야말로 북적인다. 주류 교회의 1부 예배와 스패니시 교회의 예배가 끝나고 한인 교회와 주류 교회의 2부 예배가 곧이어 시작된다. 한인 교회는 시간을 10분 뒤로 미뤘다. 혼잡을 덜어 내려는 고육지책이다. 다양한 인종과 문화가 뒤섞여 웃으며 인사하고 어울리는 모습은 오늘날 교회가 무엇을 잃고 있는지를 보여 준다.

그린랜드 교회의 한인 교회는 침체 일로를 걷는 기독교 현실에서 '보기 드문' 현상을 증거하고 있다. 청년 몇 명과 예배를 시작한 이 교회는 200명 가까운 교인이 모이고 있다. 개척 3년 만에 재정 자립도 이뤘다. 하지만 가장 눈에 띄는 차이점은 따로 있다. 청년 사역으로 시작된 교회에 장년층이 몰리고 있는 것이다. 등록 교인도 계속 증가하고 있다. 교회는 모든 세대를 아우르는 자연적 성장을 거듭하는 중이다.

주일 예배를 드리기 위해 교회를 방문했을 때 예배당 두 곳은 주류 교회 1부와 스패니시 예배가 아직 진행 중이었다. 한인 예배 장소를 묻자 백인 교인이 문 앞까지 안내를 자청했다. 처음 온 방문객을 보자 권사가 재빨리 빈방으로 안내했다. "지난해 1월 처음 교회에 왔을 때는 저희 부부도 계속 다녀야 하나 고민했어요. 저희 또래 성도가 별로 없어서요. 그런데 말씀이 좋아서 그냥 한 번, 두 번 나오다 보니 장년층이 계속 오더라고요. 이제는 어느새 반반이 됐어요. 지금도 매주 사람들이 오고 있어요." 권사의 말은 이 교회의 부흥 현장을 단적으로 묘사한다.

이 교회의 역동성은 요즘 교회에서는 보기 드물 정도로 크다. 점심 식사 시간은 이를 단적으로 보여 준다. 예배를 드린 뒤 예배당은 순식간에 식당으로 변모한다. 의자들이 재빨리 치워지고 예배 공간에 둥근 테이블 수십 개가 들어찬다. 그리고 하얀 테이블보가 얹어진다. 주변은 거의 정확하게 청년층과 장년층이 절반 정도로 섞여 있었다.

밥 목사도 2부 예배를 마치고 나타났다. 테이블을 돌며 젓가락으로 한식을 먹고 교인들과 인사를 나눴다. "목사님이 문을 열어 준 덕분에 이렇게 교회가 섰다"고 말하자 "우리는 더 큰 문을 열어 갈 것"이라고 화답했다. 그날도 새신자 테이블에는 장년층 두 가정이 식사를 하며 김 목사와 인사를 나눴다. 60대 초반의 여성이 말했다. "방황하는 사람들이 얼마나 많은지 몰라요. 데려올 사람들 많아요. 다 목사님들 책임이에요. 교인들 눈치만 보고 할 말은 제대로 안 하고요."

이 교회는 담임 목사를 중심으로 단결해 있지만 리더십은 수평적이다. 권위주의는 교회 운영이나 예배에서도 찾아보기 힘들다. 교회를 찾는 어른들도 형식주의와 교인 간의 경쟁심, 부조리와 부패에 등을 돌린 터라 이 교회에서 위세를 부리지 않는다. 교회의 분위기 자체가 섣부른 '헛기침'을 허용하지 않는다.

이 교회는 매달 외부 집회를 갖고 있다. 특별 사역을 위한 선교 단체를 세우고 남가주와 라스베이거스 등지의 교회를 돌며 기도 부흥 집회를 연다. 다른 교회의 교인들도 동참하고 있다. 이 역시 청년층에게 예수 그리스도의 복음을 소개하기 위해 시작됐지만 이제는 장년층 성도의 참여가 급증하는 추세다. 현실적으로 일대일 외부 전도가 쉽지 않은 이민 사회 특성상 효과적인 외부 접촉점을 교회 차원에서 지속적으로 만들고 있는 것이다. 그리고 이와 같은 열정과 방향성이 기존의 교인들을 짧은 시간에 결속시키고 소명 의식을 고취시키는 힘이 되고 있다.

이 교회의 사역은 이제 소그룹 사역과 청년선교센터를 마련하는 것으로 이동 중이다. 그들의 목적은 오직 "잃어버린 영혼을 찾는 것"에 맞춰져 있기 때문이다. 그들에게 있어 선교는 교회의 존재 이유이다. 누가복음 15장 1-10절은 그런 차원에서 가장 많이 읽히고 묵상하는 본문이다. "너희 중에 어떤 사람이 양 백 마리가 있는데 그중의 하나를 잃으면 아흔아홉 마리를 들에 두고 그 잃은 것을 찾아내기까지 찾아다니지 아니하겠느냐 또 찾아낸즉 즐거워 어깨에 메고 집에 와서 그 벗과 이웃을 불러 모으고 말하되 함께 즐

기자 나의 잃은 양을 찾아내었노라 내가 너희에게 이르노니 이와 같이 죄인 한 사람이 회개하면 하늘에서는 회개할 것 없는 의인 아흔아홉으로 말미암 아 기뻐하는 것보다 더하리라"(눅 15:4-7).

그린랜드 교회의 비전은 △교회는 예수 그리스도의 몸이다(골 1:24) △교회의 주인은 예수 그리스도이시다(엡 1: 22) △교회는 만민을 위해 기도하는 집이다(막 1: 17) △교회는 사랑과 정의의 공동체이다(암 5:14-15) 등이다.

그린랜드 교회의 사역 원리와 특징은 다음과 같다.

첫째로 다민족 다문화적 화합의 공동체이다. 그린랜드 교회에는 주류 백인이 모이는 교회와 히스패닉 성도를 대상으로 한 스패니시 미니스트리, 그리고 한인 교회가 함께함으로써 선교적 교회의 한 모델로 자리매김하고 있다. 이들은 따로 예배를 드리지만 식사와 교제, 봉사와 전도, 선교 등은 함께 하고 있다.

둘째로 예수님의 제자로 변화되는 영성 공동체이다. 그리스도인은 하나님의 부르심을 받아 세상으로부터 건져 냄을 받은 공동체이다. 따라서 예수님의 참된 제자로 거듭나는 것이야말로 그리스도인의 가장 큰 목표이다. 이들은 전 교인이 참여하는 제자 훈련을 통해 예수님을 닮아 가고 있다.

셋째로 복음을 누리고 전파하는 글로벌 공동체이다. 우리 그리스도인은 세상으로 보내심을 받은 사도들이다. 먼저 복음으로 무장한 다음 잃어버린 영혼들을 찾기 위해 세상으로 나아가야 한다. 이들은 교인들이 모두 참여하는 특별 전도 집회를 통해 남가주와 라스베이거스 등에서 기도와 선교 집회를 갖고 있다.

넷째로 예배의 감격을 회복하는 생명 공동체이다. 우리 그리스도인은 예배자들이다. 예배의 감격을 잃어버리는 것은 그리스도인이 아니라는 증거가 된다. 하나님은 예배를 통해 그리스도의 몸 된 지체들을 모으시고, 말씀과 성례를 통해 지체들을 채우시고 온전케 하시며, 다시 하나님의 선교가 이루어지는 세상으로 파송하신다. 따라서 예배는 하나님 선교의 근간이 되는 영적 사역으로서 선교적 삶의 출발점이다.

다섯째로 수평적인 리더십을 실천하는 섬김의 공동체이다. 교회의 본질인 선교를 위해 서로가 섬기면서 그 목표를 이루어 가도록 돕는 것이 리더십의 사명이다. 그린랜드 교회는 담임 목사를 중심으로 단결해 있지만, 권위적이고 상하 계급적이 아닌, 각자의 은사에 따른 수평적인 리더십을 이루어 가고 있다.

사례연구 분석과 평가

    오가닉 교회와 소마 선교 공동체, 그리고 그린랜드 교회는 선교적 교회를 추구하고 있다. 세 교회가 모두 교회의 본질을 선교를 위한 그룹 또는 공동체로 규정하고 있다. 오가닉 교회는 예수님이 가르치고 세우심으로써 번식하는 건강한 교회로, 소마 선교 공동체는 복음을 증거하는 제자들의 공동체로, 그린랜드 교회는 잃어버린 영혼을 찾는 선교를 각 교회의 존재 이유로 제시하고 있다. 교회의 주인은 예수님이시며, 교회는 그리스도의 몸이라는 것도 세 교회가 공통적으로 갖고 있는 교회에 대한 인식이다. 끌어모으기가 아닌 '찾아가는 선교'를 지향하고 있다는 것도 세 교회의 비슷한 점이다.

    오가닉 교회는 커피숍과 식당·주차장·사무실·가게는 물론 복음과 세상이 만나는 접촉점이 첨예하게 부딪치는 중독자 집단·동네 갱단·동성애자·사교도 모임·고등학교·대학·부랑자·동네 술집 등으로 찾아가 복음을 전하고 교회를 세우고 있다. 소마 공동체는 선교사로서의 정체성을 가진 '제자를 만드는 제자'를 만들어 다시 세상으로 보내는 것을 사명으로 삼고 있다. 그린랜드 교회는 전체 교인이 남가주와 라스베이거스 등을 찾아가 선교하고 있다.

또한 세 교회는 모두 수평적 리더십을 실천하기 위해 노력하고 있다. 오가닉 교회는 교회의 모든 권한은 하님께로부터 나온다고 생각하기 때문에, 권한을 위임하지 않고 그냥 나누어 준다. 소마 공동체의 리더십은 은사에 따라 나누어지며, 직책은 권한이 아니라 책임 배분의 의미를 가지고 있다. 그린랜드 교회 또한 담임 목사를 중심으로 단결해 있지만, 권위적이고 상하 계급적이 아닌, 각자의 은사에 따른 섬김의 리더십을 이루어 가고 있다. 이 외에도 세 교회는 △교회는 건물이 아닌 사람이며 공동체란 인식 △예배와 기도를 통한 선교적 삶 중시 △선교를 위한 평신도 리더 양성 등에서도 유사점을 보이고 있다.

이와 같이 세 교회가 비슷한 공통점이 많이 있지만, 서로 다른 차이점도 상당하다. 이름부터가 각 교회의 특징을 잘 나타내 주고 있다. 오가닉 교회(Organic Church)는 건강한 생명체와 자연스러운 증식을 강조하고 있다. 소마(Soma) 공동체는 그리스도의 몸 된 교회를, 그린랜드 교회는 파란 언덕이 있는 자연 속의 공동체를 의미하고 있다.

세 교회의 구체적인 비전 또한 약간씩 다르다. 오가닉 교회의 비전은 △

하나님의 음성을 듣고 그분의 인도하심을 따른다 △관계 중심의 선교를 펼친다 △두세 명의 작은 그룹들로 교회 생명체를 탄생시킨다 △새로운 신자를 리더로 양성한다 △권한을 나눠 주고 주인 자리를 내놓는다 △건강한 제자-리더-교회의 순으로 증식 운동을 일으킨다 등이다. 소마 공동체의 비전은 △건물이 아니라 사람이 중심인 교회 △그리스도의 복음을 통해 부름 받고 보냄 받은 제자들이 양성되는 교회 △개인의 구원을 넘어 공동체와 사회를 품는 교회 △예수님의 성육신 정신을 본받아 세상 가운데 사람들과 섞여 살면서 복음적인 삶을 통해 지속적으로 생명력 있는 공동체를 재생산하는 교회 등이다. 그린랜드 교회의 비전은 △교회는 예수 그리스도의 몸이다 △교회의 주인은 예수 그리스도이시다 △교회는 만민을 위해 기도하는 집이다 △교회는 사랑과 정의의 공동체이다 등이다. 오가닉 교회는 하나님의 인도하심과 함께 제자와 리더 양성, 그리고 교회의 증식 운동을, 소마 공동체는 사람이 중심되고 보냄 받은 제자들이 생명력 있는 공동체를 재생산하는 교회를, 그린랜드 교회는 그리스도가 주인인 기도와 사랑과 정의의 공동체를 비전으로 제시하고 있는 것이다.

또 오가닉 교회는 예수님이 교회의 주인이시라는 것을, 소마 공동체는 공동체가 속해 있는 지역이 가장 기본적인 선교지라는 것을, 그린랜드 교회는 예수님의 제자로 변화되는 영성 공동체를 강조하고 있다. 또한 오가닉 교회와 소마 공동체는 작게 시작하여 크게 성장하는 교회의 분가와 증식을, 소마 공동체는 다민족 다문화적 화합을 실천적 사명으로 삼고 있다.

세 교회의 사역 원리와 특징도 조금씩 차이가 난다. 오가닉 교회는 △작게 시작하여 크게 성장하는 증식 △'찾아가는' 선교 △교회는 살아 움직이는 생명체 △예수님이 주인이신 교회 △수평적 리더십 등이다. 소마 공동체의 사역 원리는 △교회의 본질인 공동체성 회복 △공동체가 속해 있는 지역이 가장 기본적인 선교지 △매일의 신앙 공동체 △선교적 공동체의 증식과 분가 실행 △평신도 리더십 개발과 수평적인 리더십 지향 등이다. 또 그린랜드 교회의 사역 원리와 특징은 △다민족 다문화적 화합의 공동체 △예수님의 제자로 변화되는 영성 공동체 △복음을 누리고 전파하는 글로벌 공동체 △예배의 감격을 회복하는 생명 공동체 △수평적인 리더십을 실천하는 섬김의 공동체 등이다.

오가닉 교회는 설립 6년 만인 2005년에는 23개국에 걸쳐 700개 이상의 교회가, 또한 2008년에는 40개국의 45개가 넘는 도시에서 수천 개의 교회가 세워진 것으로 나타났다. 하지만 세계적으로 퍼져 있어 모두를 파악하지 못한다는 게 솔직한 상황이다. 2004년 9월 14일, 시애틀 터코마 지역에서 공식적인 사역이 시작된 소마 공동체는 2016년 현재 미국 18개 주에 걸쳐 100여 개 이상의 공동체로 확장되었다. 또 2010년 시작한 그린랜드 교회는 200명 가까운 교인이 모이고 있다.

이들 세 교회들이 젊은 세대에 영향력을 미치며 성장하게 된 원인은 다음과 같다.

첫째로 새롭고 창의적인 사역을 하려는 젊은 지도자들이 부상하고 있다는 점이다. 오가닉 교회와 소마 공동체, 그린랜드 교회를 새롭게 시작하거나 이끌고 있는 사역자들의 절대다수가 20-40대 초반의 젊은 기수들이다. 이들은 제도화된 사역과 경직된 신학에 저항하는 선교적 교회란 교회의 본질 회복을 추구함으로써, 포스트모던 시대의 젊은 세대들과 소통하는 것이라 말한다.

둘째로 이들 세 선교적 교회의 사역은 일주일에 한 번 주일만이 아닌, 주중 내내 성도들의 선교적 삶을 통해 이루어지고 있다는 점이다. 오가닉 교회와 소마 공동체는 주중에 한 번 이상은 반드시 비신자를 초청한 가운데 식사를 함께하고 복음을 전하는 모임을 갖는다. 가족과 같은 신앙 공동체 의식을 쌓아 간다. 리더의 집에 여러 명이 공동체 생활을 하는 경우도 많다. 이들 교회의 성도들은 날마다의 삶 속에서 예배와 성령의 열매와 선교를 이루어 내고 있다. 결국 이 교회들은 주중 모임을 통해 제자를 훈련시키고, 이들을 리더로 키워서, 새로운 공동체의 리더로 만들어 분가하는 방식으로 부흥을 이루고 있는 것이다.

셋째로 이들 세 교회는 '와서 보라'가 아닌 세상 속으로 '찾아가는' 사역을 하고 있다는 점이다. 오가닉 교회는 커피숍과 식당·사무실·가게뿐만 아니라 술집과 창고 등 삶의 현장으로 찾아가 복음을 전하고, 바로 그곳에서 공동체 모임을 이어 간다. 소마 공동체는 각각의 신자 한 사람이 모두 교회 개척자라는 사명감을 가지고, 삶의 현장에서 비신자인 친구와 동료와 이웃을 가족으로 초대하여 공동체를 만들고 있다. 그린랜드 교회는 잃어버린 영혼을 찾아 세상 속으로 나아가는 것이 교회의 모토이다. 이를 통해 선교적 제자를 양산하고 있는 것이 바로 성장의 큰 이유가 되고 있다.

넷째로 대형 교회가 아닌 소그룹 형태의 선교적 공동체를 지향하고 있다는 점이다. 이들 교회들은 사람들을 교회로 불러들이고 건물을 세우는 일에는 관심이 없다. 오직 진정한 교회인 복음의 선교적 공동체를 세우는 일에만 관심이 있을 뿐이다. 이들 선교적 공동체는 소그룹을 통해 성도 간의 교제와 더불어 지역 사회를 함께 섬기고 변화시키는 사역의 주체가 되고 있다. 성도들이 비신자들과 관계를 맺고 서로 격려하고 기도하면서 선교적 삶의 여정을 함께 이루어 가는 것이다. 이렇듯 교회당 건물이나 양적 성장이 아닌 하나님 나라의 성장 곧 하나님의 선교를 지향할 때, 진정한 교회의 부흥은 필연적으로 따라오게 되는 것이다.

다섯째로 이들 교회들은 다민족, 다문화, 다세대 사역에 많은 관심을 가지며 관대하다는 점이다. 오가닉 교회와 소마 공동체는 나라와 인종과 세대와 전혀 관계없이 있는 그대로의 사람을 포용하고 있다. 이 시대의 가장 미전도 종족인 젊은 세대의 문화와 언어를 존중하고, 삶의 고민과 아픔을 끌어안는다. 또한 그린랜드 교회는 백인 교회와 히스패닉 · 한인 교회가 공존하는 다민족 교회이다. 당연히 이들 공동체에서는 나와 다른 문화와 외모와 배경에 대해 아주 관대할 수밖에 없다. 교회의 본질인 선교에 초점을 맞추고 있기 때문이다. 이들 세 교회가 다민족 · 다세대 · 다문화 교회로 발전해 나가자,

교회를 떠났던 젊은이들이 돌아와 예수님의 제자로 거듭나는 일들이 발생하고 있다.

여섯째로 이들 교회들은 평신도 리더십 개발과 함께 수평적인 리더십을 실천하고 있다는 점이다. 지배적이고 독재적인 리더십을 벗어던지고, 그동안 잠잠하던 평신도의 리더십 개발에 전념함으로써 은사에 따른 수평적인 섬김의 리더십을 이룰 수 있게 되었다. 이는 예수님이 교회의 주인 되시는 예수님 공동체로의 회복을 의미한다. 또한 목회자와 평신도들이 함께 선교에 나서는 새로운 교회의 모델이 되고 있다.

선교학적 해석

이 장에서는 선교적 교회 성장 운동에 대한 사역 모델로 직접 교회를 방문해 살펴보았다.

오가닉 교회(Organic Church)는 복음과 세상이 첨예하게 만나는 곳, 즉 커피숍과 식당·주차장·사무실 등에서 문을 연다. 대부분 자신이 예수 그리스도를 만나고 알게 된 장소와 유사한 환경에서 평신도 사역자들이 '과거의 본인과 비슷한' 사람들에게 생명의 빛을 전해 준다. 그리고 바로 그곳, 영적 불꽃이 튄 현장에서 모임을 이어 간다. 여기서 훈련되고 성장한 교인은 다시 세상의 삶을 살아가며 비신자를 만나고 가까워지면서 복음으로 이끈다.

소마 선교 공동체는 '교회가 모인 가족'이란 사실을 강조한다. 소마는 예배 소그룹을 기본 단위로 삼고 지역별 연합체를 세우며 궁극적으로 교회로 이어지는 진행 과정을 갖고 있다. 2-5명으로 구성되는 예배 소그룹(DNA)이 가장 핵심적인 조직이다. 이 DNA를 통해 가족이 된 교인이 삶의 현장에서 비신자를 만나 다시 가족으로 초대한다.

건강한 교회를 향한 갈망

그린랜드 교회는 선교적 교회의 한 모델로, 주류 백인이 모이는 교회와 히스패닉 성도를 대상으로 스패니시 미니스트리, 그리고 한인 교회 등 다민족 다문화적 교회로 이루어져 있다. 이 중 한인 교회는 수평적 리더십을 바탕으로 세상을 향해 나아가는 선교적 교회를 지향하고 있다.

오가닉 교회와 소마 공동체, 그리고 그린랜드 교회는 모두 선교적 교회를 추구하고 있다. 오가닉 교회는 예수님이 가르치고 세우심으로써 번식하는 건강한 교회로, 소마 공동체는 복음을 증거하는 공동체로, 그린랜드 교회는 잃어버린 영혼을 찾는 선교를 존재 이유로 제시하고 있다. '찾아가는 선교'와 '수평적 리더십'을 지향하고 있다는 것도 세 교회의 비슷한 점이다.

이들 세 교회들이 젊은 세대에 영향력을 미치며 성장하게 된 원인은 첫째, 새롭고 창의적인 사역을 하려는 젊은 지도자들이 부상하고 있다는 점이다. 둘째, 이들 세 선교적 교회의 사역은 일주일에 한 번 주일만이 아닌, 주중 내내 성도들의 선교적 삶을 통해 이루어지고 있다는 점. 셋째, '와서 보라'가 아닌 세상 속으로 '찾아가는' 사역을 하고 있다는 점. 넷째, 대형 교회가 아닌 소그룹 형태의 선교적 공동체를 지향하고 있다는 점. 다섯째, 다민족, 다문화, 다세대 사역에 많은 관심을 가지며 관대하다는 점. 여섯째, 평신도 리더십 개발과 함께 수평적인 리더십을 실천하고 있다는 점이다.

Desire for a Healthy Church

제 6 장

선교적 교회 성장을 위한 사역 방안

본 장에서는 지금까지의 연구를 기반으로 소형 교회들이 추구할 수 있는 선교적 교회 성장 방안을 제시하고자 한다.
이 방안은 선교적 교회관 정립과 사역 원리, 그리고 제언이다.

선교적 교회관 정립

올바른 선교적 교회관을 정립하기 위해서는 먼저 성경적인 교회관을 정립해야 한다. 선교적 교회론의 가장 큰 특징은 바로 교회론의 전환이기 때문이다. 흔히 교회를 예배당 건물로 알고 있는 사람들이 너무나 많다.

교회는 '에클레시아'라는 이름이 말해 주듯이 세상으로부터 건져 내어진 "거룩한 무리 · 하나님의 백성 · 성도"를 말한다. 바로 우리 몸, 우리 성도를 교회라고 하는 것이다. 성경은 교회를 가리켜 '예수님이 피 값을 주고 사신 것'(행 20:28)이라고 한다. 만일 건물이 교회라면 예수님이 피로 이 건물을 사신 것이란 말이 된다. 예수님은 올바른 신앙 고백을 한 베드로 위에 교회를 세우시겠다고 말씀하셨다. 이는 "주는 그리스도시요 살아 계신 하나님의 아들"(마 16:16)이라는 성경적 고백을 하는 모든 하나님의 백성들 위에 예수 그리스도의 교회를 세우시겠다는 말씀인 것이다.

교회는 '예수 그리스도의 터'(고전 3:11) 위에 세워진다. 예수 그리스도는 곧 말씀이다. 그러므로 교회는 말씀 위에, 말씀으로 세워지는 것이다. 교회는 예수님이 주인이시고 예수님이 이끌어 가시는 곳이다. 예수님은 직접 "내 교회"(마 16:18)라고 말씀하셨다.

예수님은 공생애 기간 동안 제자들을 부르시고 그들에게 사역 훈련을 시키시며 교회의 토대를 닦으셨다. 그리고 예수님은 자기의 제자들을 공동체로 부르시고 교회라고 명명하셨다. 결국 성경이 말하는 교회는 예수 그리스도를 중심으로 하는 공동체이다. 이는 교회가 예수 그리스도를 통한 하나님의 구원 계획을 위해 존재하는 선교적 공동체임을 밝히는 것이다. 따라서 교회는 선교적 사명을 위해 선택된 선교적 공동체이다.

교회의 본질은 선교이다. 교회는 근본적으로 하나님의 선교를 감당하는 선교적 본성을 지니고 있기 때문에 존재 자체가 선교적이어야 한다. 또한 교회는 존재하는 모습대로 행하기 때문에 교회의 모든 사역은 교회의 본질에서 나온 것이어야 한다. 그리고 교회는 행하는 그것을 조직하기 때문에 교회의 조직 역시 교회의 본질과 일치하도록 노력해야 한다(크레이그 밴 갤더 2003:232).

이와 같은 교회론을 바탕으로 여러 신학자와 선교학자들이 주장하는 선교적 교회론의 특징들을 살펴볼 때, 공통적으로 발견되는 것들이 있다. 다음과 같은 여섯 가지를 바른 선교적 교회관으로 제시하고자 한다.

첫째, 하나님의 선교에 참여하는 교회이다. 교회 중심의 선교에서 하나님의 선교로 바뀌는 선교 패러다임의 전환이다. 전통적 교회는 선교를 교회와 인간의 활동으로 보아 왔다. 하나님의 선교란 삼위일체 하나님을 선교의 주체로 보는 것이다. 선교적 교회에서 선교는 삼위일체 하나님의 파송이다. 하나님으로부터 '보내심을 받은 자'가 바로 교회이다. 교회는 선교의 주체와 동기와 목적, 이 모든 것이 삼위일체 하나님의 행위 속에 있음을 인식하며 하나님의 부르심과 보내심을 선교의 출발점으로 삼아야 한다. 선교의 목표는 하나님 나라의 확장이다. 따라서 선교적 교회의 본질은 전 세계의 구원을 위한 하나님의 계획에 참여하는 것이다. 하나님의 선교의 관점에서 교회는 선교의 주체가 아니라 하나님의 선교의 동반자요, 참여자로서 하나님으로부터 파송 받은 공동체인 것이다. 이상훈은 "결국 선교적 교회는 선교의 주관자 되시는 하나님의 선교(missio dei)에 동참하기 위해 세상으로부터 부름(calling) 받고, 세상을 섬기기 위해 보냄(sending) 받은 공동체를 의미한다"(2017:59)고 말한다.

둘째, 선교적 본질을 회복하는 교회이다. 지역 교회의 선교적 교회로서의 정체성을 발견해야 한다는 것이다. 교회는 하나님으로부터 부름 받아 세상을 향해 파송 받은 공동체이다. 이는 세상으로부터의 분리가 아닌, 세상을 향한 참여로 부름 받은 교회라는 인식에서부터 출발한다. 예수 그리스도가 세상을 등지고 세상으로부터 분리된 사역이 아니라 세상과 함께하며, 세상에 소망을 주며, 세상을 살리는 선교적 선포와 현존의 사역을 한 것처럼 그리스도에 의해 세상에 파송된 교회의 사명과 위치 또한 동일해야 한다. 즉 교회는 세상 속에 예수 그리스도의 성육신과 십자가와 부활을 선포하며 증거하는 선교적 삶을 살아야 한다.

셋째, 하나님 나라를 구현하는 교회이다. 선교의 목표가 개인 구원과 교회 개척으로부터 하나님 나라의 구현으로 전환되는 것을 말한다. 선교적 교회가 하나님의 선교에 참여하는 교회라고 할 때, 하나님의 선교의 목적은 하나님 나라의 성취에 있다. 따라서 선교적 교회의 목적은 하나님 나라를 선포하고 하나님 나라를 섬기는 것이다. 하나님 나라는 하나님께서 통치하시는 나라이다. 교회는 하나님의 통치를 증거하는 공동체이다. 대럴 구더는 하나님 통치의 사회적 구현을 위해서는 "하나님의 모든 풍부한 은사들의 책임감과 민감한 관리뿐만 아니라 세례와 성찬식 · 화목 · 분별 · 환대 · 성경 강독과 해석 · 리더십의 개발과 실습 · 서로를 향한 사랑의 돌봄과 지원 · 하나님의 말씀 선포 · 모든 사람들에 대한 적극적인 복음 전도, 그리고 믿음에 대한 탐구와 배움을 실천해야 할 것"(구더 2013:238)이라고 강조했다.

넷째, 평신도의 역할을 강조하는 교회이다. 교회 공동체의 모든 구성원이 하나님의 선교에 동참하도록 파송되었다는 평신도 이해의 전환이다. 교회가 세상을 향해 복음을 증거하고 세상의 문화를 변혁시키려면, 그 일을 감당할 가장 주된 일꾼은 평신도이다. 소수의 선교사가 할 수 있는 일이 아니다. 모든 성도들이 세상으로 파송 받은 선교사로서의 정체성을 가지고 살아갈 때 이루어질 수 있다. 전통적 의미의 선교는 주로 해외 선교를 의미하였으므로, 평신도들은 주로 선교 헌금을 드리고 선교사들을 위해 기도하는 것이 대부분이었다. 그러나 선교적 교회론에서의 선교는 모든 지역을 포함하며, 오히려 교회가 위치한 지역의 선교를 강조한다. 따라서 평신도들이 자신들의 직업에 종사하면서 전도하고, 지역 사회를 섬기며, 나아가 지역 사회를 변혁하는 일까지 감당해야 하는 것이다. 즉 평신도들은 사적인 영역에서 자신의 신앙을 지키거나 전도하는 일로만 만족하면 안 되고 공적인 영역에서도 하나님의 통치를 실현시켜야 하는 과제를 안고 있는 것이다. 선교적 교회론은 몇몇 사람에게만 선교의 의무를 부과하는 것이 아니라 교회 공동체 모두에게 매일의 삶에서 제사장 역할을 감당하도록 강권한다.

다섯째, 지역 사회에 대한 영향력을 회복하고 지역 사회와 함께하는 교회이다. 교회가 함께하는 지역을 선교의 대상으로 바라보는 선교 현장의 인식 전환이다. 선교적 교회는 세상으로 보냄 받은 교회로서 지역 사회와 함께하는 교회가 되어야 한다는 것이다. 무엇보다 교회는 하나님의 사랑의 관점에서 지역 사회를 바라보며 예수 그리스도의 성육신적 선교를 따라가야 한다. 교회는 이웃과 지역 사회를 섬기는 사랑의 공동체가 되어야 한다. 교회가 지역 사회 속에서 의미 있는 공동체가 되지 않는다면, 이는 공동체로서의 존재 가치와 의미가 없다. 프로스트와 허쉬는 "선교적 교회는 교회가 지역 사회에서 영예로운 자리를 차지하지 않는다는 것을 인식하며, 소금과 빛이 되어 지역 사회 속으로 나아가야 한다"(프로스트 & 허쉬 2009:46)고 말한다. 교회가 겸손함으로 종의 자리에 서서 지역 사회를 향한 참된 섬김의 사역을 행할 때, 비로소 선교적 교회가 된다는 것이다.

여섯째, 사도적 섬김의 리더십을 실천하는 교회이다. 이는 수직적이고 권위적인 리더십에서 수평적인 종의 리더십으로의 전환을 의미한다. 철저히 상하 계급적인 전통적 교회의 리더십은 교회 구성원의 필요에 지나치게 집중하며 거기에 적절한 프로그램을 개발하는 데 전력을 다하는 경향이 있다. 선교적 교회의 리더십은 자신을 비워 인류의 구원을 완성시킨 '십자가의 리더십'이며, 예수 그리스도의 지상 명령을 이루기 위해 세상 한가운데로 보냄을 받은 '사도적 리더십'이다. 밴 갤더는 선교적 교회의 리더십에 대해 "하나님께서 이 세상에서 행하시는 일에 좀 더 깊이 참여하기 위해 지역 사회를 섬기고, 돌보고, 영향을 끼치는 일에 하나님께서 주신 은사들을 함께 사용하는 공동체적, 협력적 리더십 패러다임"(크레이그 밴 갤더, 드와이트 샤일리 2015:291)이라고 말한다.

중소 교회가 선교적 교회로서 지향해야 할 사역 원리는 다음과 같다.

첫째, 목회의 기반은 반드시 하나님의 선교에 입각해 정립되어야 한다. 하나님의 선교는 교회나 인간이 아닌 삼위일체 하나님이 선교의 주체가 되는 것이다. 하나님의 선교에 동참하는 선교적 교회의 특성은 삼위일체 하나님과의 연합적 측면에서 다음의 세 가지가 고려되어야 한다. △하나님의 백성으로서 교회는 영원 안에 존재하시지만 동시에 인류와 교제하기 원하시는 초월적이고 영원하신 삼위일체 하나님을 대변한다. △그리스도의 몸으로서의 교회는 성육신적 사역을 통해 문화와 연관되고 세상 가운데서 증인 됨의 사역을 감당한다. △성령의 거룩한 전으로서 교회는 성도들의 공동체 안에 함께하시는 그분의 현존을 통해 세상이 하나님을 알고 경험할 수 있도록 세상을 초청하는 역할을 한다. 예수 그리스도께서 하나님 나라와 의를 먼저 구하며 하나님 나라를 위해 선포와 증언의 삶으로 성육신적 선교를 행하셨다. 따라서 세상으로 파송 받은 교회 역시 하나님 나라를 위해 적극적으로 선포하고 증언하는 삶을 통해 하나님의 선교의 주체가 아닌 도구로서 선교에 동참할 때 선교적 교회가 된다는 것이다.

둘째, 교회는 건물이 아니라 예수님을 중심으로 한 성도들의 선교적 공동체라는 관점이다. 언제부터인가 교회가 건물로 자리매김하면서 건물을 크고 화려하게 짓고 그 건물 안을 많은 사람들로 채우는 것이 성도들의 사명인 것처럼 생각하게 되었다. 그리고 이 건물에서 자신의 개인적 필요를 채우기 위한 신앙생활을 해 왔다. 성경은 교회를 가리켜 이 세상의 구원을 위해 예수님이 피 값을 주고 사신 성도들이라고 한다(행 20:28). 따라서 선교적 공동체인 교회의 성도들은 주어진 삶의 자리에서 선교적 사역을 감당하는 선교사로서의 정체성을 확립해야 한다. 이상훈은 "선교적 사명을 받은 공동체와 성도 개개인은 '세상 속에서(in the world)', '세상과 함께(with the world)', '세상을 위해(for the world)' 존재하며 하나님 나라(Kingdom of God) 실현을 위해 하나님의 선교(Missio Dei)에 동참하는 사역을 감당해야 한다"(이상훈 2015:11)고 한다.

셋째, 선교적 교회는 '와서 보라'에서 벗어나 '세상 속으로' 들어가는 교회이다. 교회의 본질 곧 교회의 존재 목적은 세상 속으로 나아가 복음을 전파하는 데 있다. 매력적인 건물과 환경·프로그램을 만들어 사람들로 하여금 찾아오게 만드는 것은 교회의 본질이 아니다. 성경은 세상을 향해 적극적으로 나아가라고 말하고 있다. '와서 보라(Come-To-Us)'가 아닌 '찾아가라(Go-To-Them)'는 것이다. 바로 이 '세상 속으로' 찾아가는 교회가 선교적 교회의 양상을 드러낸다. 하나님 나라의 관점에서 이 세상은 달라지고 변화되어야 한다. 그러나 교회가, 하나님의 백성이 세상 속으로 나아가 선교적 삶을 살아가지 않는 한 세상은 변화하지 않는다.

넷째, 개인주의적 탈육신의 영성에서 벗어나 예수 그리스도의 성육신의 영성을 본받는 교회이다. 탈육신이란 말은 예수님의 성육신에 반대되는 표현이다. 탈육신의 특성은 인본주의의 이성과 합리성에 근거한 추상적 영성에 그 뿌리를 두고 있는데, 이는 경험과 체험 중심의 신앙을 약화시킴으로써 믿음과 삶의 불일치라는 심각한 결과를 낳았다. 성육신이란 예수님이 육신을 입고 이 세상에 오신 것을 말한다. 성육신의 영성이란 이 세상에서 하나님의 뜻과 목적과 계획을 위해서만 사셨던 예수님의 품성을 그대로 닮아 가는 삶이다. 그것은 바로 겸손과 용서와 긍휼과 온유함과 오래 참음과 자비와 원수를 사랑하는 십자가의 삶이다. 선교적 교회는 이 십자가의 삶을 실천하는 교회이다.

다섯째, 선교적 교회는 주일만이 아니라 일주일 내내 교회가 된다. 일요일만이 아닌 월요일부터 토요일까지의 모든 삶에서 구현하는 '일상의 선교'가 되어야 한다는 것이다. 작금의 교회는 모든 것이 주일 예배에 집중되어 있다. 일주일에 한 번 주일 예배를 위해 건물을 치장하고, 온갖 프로그램을 준비한다. 이는 '주일만 신자'를 양산한다. 일주일에 한 번 주일을 거룩하게 지내면, 나머지 6일 동안은 비신자와 똑같은 세상적인 삶을 살아간다. 그래서 음행과 분쟁과 우상 숭배와 술수와 시기와 분냄과 투기 등 육체의 일이 난무한다. 교회의 목적은 예수 그리스도의 명령에 따라 복음을 전파하는 것이다. 하나님과 이웃을 내 몸과 같이 사랑함으로써, 하나님의 거룩한 백성으로 지어져 가는 것이다. 일주일의 하루만 거룩하게 지낸다고 해서 될 일이 아니다. 하나님의 거룩한 공동체로서 교회는 날마다의 삶 속에서 예배와 성령의 열매와 선교를 이루어 내야 하는 것이다.

여섯째, 지역 사회와 함께하는 교회이다. 지역 사회와 함께하지 않는 교회는 이웃을 사랑하지 않는 것이며, 이는 공동체로서의 존재 가치가 없다. 선교적 교회의 선교는 지역을 기반으로 하는 '장소로서의 선교'에 집중하는 양상을 보인다. 선교적 교회는 자신이 위치한 지역 사회에 동등하게 참여해 이웃이 되는 과정을 중시함으로써 이웃 자체가 되는 '이웃 됨의 선교'를 목적으로 삼아야 한다. 단순히 사회 속 의제에 참여하거나 지역을 대상화시키는 아웃리치, 또는 배후에 의도된 프로그램을 숨긴 채 이웃의 삶에 참여해서는 안 된다는 것이다. 그리고 이러한 이웃 됨은 교회와 그리스도인의 몸으로 일상에서 함께하는 것이어야 한다.

일곱째, 평신도 사역과 리더십 개발을 중시하는 교회이다. 교회의 본질이 선교적이라는 사실은 교회의 특정 교인에게만 해당되는 것이 아니다. 주님의 몸에 참여하는 이들은 모두 교회의 본질을 이해해야 하며 아울러 적극적으로 그 본질에 동참해야 한다. 교인 모두가 자신들이 보내심을 위해 부르심을 받은 자로서의 정체성을 깨닫고, 매일 세상에서 선교적인 삶을 살아야 한다. 교회는 평신도들이 평일에 직업 현장에서 겪는 경험을 서로 나누고, 그런 세속적인 일을 복음에 비추어 그 의미를 발견하도록 격려해야 한다. 그럴 때만 교회는 그 본연의 선교적 역할을 수행할 수 있을 것이다.

여덟째, 수평적인 섬김의 리더십을 실현하는 교회이다. 지배적이고 독재적인 수직적 리더십은 교회 안에 '목사-장로-집사-평신도'라는 계급을 낳음으로써, 분열과 함께 물질지상주의와 부패 등의 심각한 부작용을 양산하고 있다. 선교적 교회의 리더십은 자신을 비워 인류의 구원을 완성시킨 '십자가의 리더십'이며, 예수 그리스도의 지상 명령을 이루기 위해 세상 한가운데로 보냄을 받은 '사도적 리더십'이다. 선교적 교회는 만인제사장으로서 성도들의 역할을 이해하며, 각자의 은사에 따라 사역을 감당하는 수평적인 리더십을 형성함으로써 얻게 되는 유기체적 사역을 강조한다. 오늘날 교회의 리더십은 다양한 목회의 현장 속에서 특수화된 전문가로서의 역할을 감당해 내야 한다. 섬기는 종의 리더십이야말로 선교적 교회의 목회 현장에 가장 적합한 모델이다.

아홉째, 선교적 증식과 재생산을 목표로 해야 한다. 선교적 교회 성장은 개교회의 수적 성장을 목표로 하지 않는다. 하나님 나라의 확장과 성장을 추구한다. 그렇다고 해서 성장 자체를 거부하는 것은 결코 아니다. 예수께서 말씀하신 하나님 나라의 성장과 확장에 대한 가치를 붙잡고 나아간다. 즉, 모든 성도들이 그리스도의 제자로서 하나님 나라의 꿈과 선교 비전을 붙잡게 될 때 발생하게 되는 변화를 기대한다. 예수님께서는 모든 제자들에게 제자를 삼는 제자가 될 것을 명령하셨다. 그들이 있는 삶의 자리에서 그리스도를 모르는 자들에게 복음을 전파하고 제자를 삼게 될 때, 거기서 또 다른 제자가 발생하는 재생산이 발생한다. 성경은 사실 끊임없는 재생산을 가르쳐 주고 있다. 건강한 교회는 재생산과 증식이 끊임없이 발생하는 교회다. 그것이 오가닉 교회와 소마 공동체가 보여 주고 있는 모델이다. 비록 작은 공동체로 존재하지만 성도가 성도를 낳고, 공동체가 공동체를 낳는다. 그것이 운동이 되어 지역을 넘어 국가와 세계로 퍼져 가는 역사를 낳는다. 오늘날 지역 교회가 잃어버린 운동력이 바로 이것이다. 모든 교회들은 수적 성장을 추구하지만, 선교적 원리에 입각한 성장이 아닌, 전통적인 관점에서의 이동 성장을 추구한다. 결국 하나님 나라의 성장과는 무관한 결과가 나타나고 마는 것이다. 예수님께서는 끊임없는 재생산을 통해 제자가 제자를, 공동체가 공동체를, 교회가 교회를 낳는 사역을 꿈꾸게 하신다. 그러한 꿈과 상상력이 필요하다. 그것이 바로 선교적 교회 성장이 추구하는 그림이다.

선교적 교회 성장을 원하는가?
'하나님의 선교', '교회는 건물이 아니라 예수님을 중심으로 한 성도들의 선교적 공동체', '와서 보라'에서 벗어나 '세상 속으로' 들어가는 교회, '개인주의적 탈육신의 영성에서 벗어나 예수 그리스도의 성육신의 영성을 본받는 교회', '주일만이 아니라 일주일 내내 교회', '지역 사회와 함께하는 교회', '평신도 사역과 리더십 개발을 중시하는 교회', '수평적인 섬김의 리더십을 실현하는 교회', '모든 성도가 그리스도의 사명을 이루는 선교적 제자'가 되어 재생산과 증식을 이루는 교회가 되어야 할 것이다.

제언

오늘날 교회가 직면한 현실은 지극히 인본주의적인 포스트모던의 영향 속에 놓여 있다. 더욱이 가속적인 사회 변동으로 인해 이 시대는 세속화와 다원화, 그리고 다문화적인 사회로 더욱 변모해 가고 있다. 이러한 상황 속에서 미래의 교회는 절실한 변화의 필요성이 제기될 수밖에 없다.

그렇다면 이러한 현상들을 극복하고 성경적인 교회 성장을 이루기 위해 우리들은 어떻게 변화를 추구해야 할 것인가? 특히 하나님 나라를 실현하고 하나님께서 주도하시는 선교적 사명을 감당하기 위한 지역 교회의 과제와 사역 방안은 무엇인가?

이러한 변화의 필요성에 대한 질문들을 상기하면서, 선교적 교회 성장의 관점에서 다음의 사역 방안을 제언해 보고자 한다.

첫째, 하나님 선교의 참여적 주체로서 선교적 교회로의 구조적 변화를 이루어야 한다. 지역 교회들이 올바른 신학과 신앙을 통하여 하나님께서 명령하신 선교적 사명을 온전하게 감당하기 위해서 가장 필요한 것은 바로 선교적 교회로의 구조적 변화이다. 다시 말하면, 모든 지역 교회는 하나님께서 교회를 부르신 그 부름의 방식에 올바로 응답하고, 하나님의 선교적 도구라는 하나님 중심의 구조적 변화를 통해 새롭게 거듭나야 한다. 또한 보내는 자로서의 주체가 아니라 보냄 받고 파송 받은 자로서 진정한 교회의 본질을 회복해야 한다.

둘째, 세상 속에 있는 교회로 존재해야 하며, 지역 사회를 섬기는 교회로 자리매김해야 한다. 이는 하나님을 대항하여 일어나는 세상의 모든 문화적이고 상황적인 사건에 교회가 편입된다는 것이 아니라, 삼위일체 하나님에 의해 세상으로 보냄을 받은 사도적 교회로 존재한다는 의미를 지니고 있다. 이는 하나님의 선교적 명령에 순종하여 자기 자신을 벗어나 소금과 빛이 되어 세상으로, 지역 사회로 나아가는 것이다. 하나님의 교회는 그 존재 의미를 교회 안에서가 아니라 교회 밖, 즉 세상 속에서 찾아야 한다. 하나님의 선교적 명령의 장은 교회가 아니라 바로 세상이며, 교회는 그러한 하나님의 명령을 교회가 속한 지역 사회 안에서 변혁적 도구로 온전하게 실천할 수 있어야 한다.

셋째, 대안적 문화를 창조하는 사랑과 선교적 공동체로 거듭나야 한다. 교회가 그 본질을 잃어버리지 않고 급변하고 있는 세상의 문화에 흡수되지 않으면서도 하나님 나라 복음의 증인이요 전달자로서 살아갈 수 있는 방안은 대안적 문화를 창조하는 것이다. 대안적 문화란 교회가 역동적인 복음과 문화적 변동을 경험하는 사회 사이의 상호 작용을 깨닫고 교회 스스로가 그러한 문화적인 상황에 맞게 변혁해 가는 것을 말한다. 교회 공동체가 복음의 증인으로서 사명을 다한다면, 복음화는 그곳으로 파송 받는 세상뿐만 아니라 그 공동체 자체 안에서도 이루어진다. 이는 복음 선교 소명으로 말미암아 지속적으로 성육신적 회심을 하는 것이며, 사랑과 선교적 공동체로 거듭나는 것이다.

넷째, 교회의 선교는 가장 먼저 가정에서부터 이루어져야 한다. 의외로 많은 가정이 선교의 사각지대가 되고 있다. 미국 내 한인 교회의 경우, 대학에 진학한 자녀의 90% 이상이 교회를 떠나는 실정이다. 한국 교회의 상황도 크게 다르지 않을 것이다. 가정 구성원 모두가 그리스도의 제자가 되고 선교적 삶을 살아가는 선교사가 될 때, 진정한 선교적 교회로 거듭날 수 있을 것이다. 이를 위해 교회는 가정과 소그룹 사역을 통해 가정이 살고, 자녀가 사는 사역을 이뤄 가야 한다.

다섯째, 제자 훈련을 통해 새 가족과 교인들을 제자화하고, 선교적 삶을 사는 선교사로 파송해야 한다. 선교적 교회로서의 기능을 다하려면 제자 훈련을 통해 영적으로 잘 준비된 사역자가 필요하다. 선교적 교회의 신자들은 복음을 들고 세상을 향해 나아가는 선교사로 부름을 받기 때문이다. 그 최전선에 소그룹 다락방 가정공동체가 있다. 모든 신자들이 제자 훈련을 통해 소그룹 다락방의 리더로 양육되어야 한다.

여섯째, 선교적 예배와 함께 선교적 예배의 삶을 주일만이 아니라 매일 실현해야 한다. 예배는 주일만이 아닌 1년 열두 달과 24시간 내내 우리 크리스천의 삶 속에서 그리스도를 드러내는 것을 말한다. 선교적 교회는 주일만이 아니라 일주일 내내 교회가 됨으로써, 매일의 모든 삶에서 구현하는 '일상의 선교'가 되어야 한다.

마지막으로 선교적 교회에 대한 연구가 지속되기를 바란다. 또한 선교적 교회 성장에 대한 사례 연구가 더욱더 이루어지기를 기대한다. 그리하여 한국 교회와 해외 한인 교회에 적합한 선교적 교회 성장의 모델이 연구되기를 기원해 본다.

Desire for a Healthy Church

부록

소형 교회의 5년 사역 계획

여기에 소형 교회에 적용할 수 있는 선교적 교회 성장을 위한 5년의 사역 계획을 제시해 보았다. 많은 소형 교회들이 존립 자체에 어려움을 겪기 때문에 장기 계획을 갖고 사역하기가 어렵다. 그런 측면에서 본 장에서는 작은 교회가 선교적 교회로 변화되고 자연적 교회 성장을 이루기 위해 적용 가능한 계획서를 만들어 본 것이다. 이해를 돕기 위해 필자가 섬겼던 지역교회를 실제 모델로 기술했다.

첫째로는 교회의 비전과 사명 선언·목표를 세우는 일이다.

본 교회의 비전은 하나님 나라의 성장과 하나님의 선교를 실현하는 선교적 교회이다. 이는 예수 그리스도께서 우리에게 주신 마태복음 22장 37-40절의 지상 명령과 마태복음 28장 18-20절의 대위임령에 기초한다. "예수께서 이르시되 네 마음을 다하고 목숨을 다하고 뜻을 다하여 주 너의 하나님을 사랑하라 하셨으니 이것이 크고 첫째 되는 계명이요 둘째도 그와 같으니 네 이웃을 네 자신같이 사랑하라 하셨으니 이 두 계명이 온 율법과 선지자의 강령이니라"(마 22:37-40). "예수께서 나아와 말씀하여 이르시되 하늘과 땅의 모든 권세를 내게 주셨으니 그러므로 너희는 가서 모든 민족을 제자로 삼아 아버지와 아들과 성령의 이름으로 세례를 베풀고 내가 너희에게 분부한 모든 것을 가르쳐 지키게 하라 볼지어다 내가 세상 끝 날까지 너희와 항상 함께 있으리라 하시니라"(마 28:18-20).

우리는 선교적 교회로의 비전을 성취하기 위한 사명을 다음과 같이 선언한다.

첫째, 선교적 공동체성을 회복한다. 교회의 본질인 선교적 공동체는 헌신된 성도들로 구성된 공동체로서(Family), 특정한 지역과 그룹에 속한 사람들에게 복음을 증거하기 위해 선교적 삶을 살아가고(Missionaries), 가시적 형태로 복음을 증거하며(Servants), 자신과 타인의 발전을 위해 서로 책임을 지는(Learners) 제자들의 모임이다.

둘째, 선교사로서의 정체성을 가진 '제자를 만드는 제자'를 만들어 다시 세상으로 내보낸다. 이를 위해 소그룹 다락방 가정공동체 사역과 제자 훈련을 실시한다. 소그룹 공등체의 일원이 된 교인은 삶의 현장에서 친구와 동료와 이웃 등 비신자들을 초대하여 복음을 전하고, 그리스도의 제자가 되기까지 훈련시켜, 또 다른 공동체를 이끌 리더로 성장시킴으로써 소그룹 공동체의 증식과 분가를 실행한다.

셋째, 매일의 신앙 공등체를 이룬다. 예배는 주일만이 아닌 1년 열두 달과 24시간 내내 우리 크리스천의 삶 속에서 그리스도를 드러내는 것을 말한다. 선교적 교회는 주일만이 아니라 일주일 내내 교회가 됨으로써, 매일의 모든 삶에서 구현하는 '일상의 선교'가 되어야 한다. 하나님의 거룩한 공동체로서 교회는 날마다의 삶 속에서 예배와 성령의 열매와 선교를 이루어 내야 한다.

넷째, 이웃과 지역 사회를 사랑으로 섬기며 함께한다. 교회는 이웃과 지역 사회를 섬기는 사랑의 공동체가 되어야 한다. 교회가 지역 사회 속에서 의미 있는 공동체가 되지 않는다면, 이는 공동체로서의 존재 가치와 의미가 없다.

선교적 교회는 세상으로 보냄 받은 교회로서 지역 사회를 섬기고 함께하는 교회가 되어야 한다. 겸손함으로 종의 자리에 서서 지역 사회를 향한 참된 섬김의 사역을 행할 때, 비로소 선교적 교회가 된다.

다섯째, 섬기는 종의 리더십을 실천한다. 서로가 섬기면서 선교적 교회로의 목표를 이루어 가도록 돕는 것이 리더십의 사명이다. 선교적 교회의 리더십은 자신을 비워 인류의 구원을 완성시킨 '십자가의 리더십'이며, 예수 그리스도의 지상 명령을 이루기 위해 세상 한가운데로 보냄을 받은 '사도적 리더십'이다. 평신도 리더십 개발에 전념함으로써 은사에 따른 섬김의 리더십을 이루어 나갈 것이다. 섬기는 종의 리더십이야말로 선교적 교회의 사역 현장에 가장 적합한 모델이다.

선교적 교회로서의 사역 목표는 다음과 같다.

첫째, 참된 예배. 하나님은 예배를 통해서 그리스도의 몸 된 지체들을 모으시고, 말씀과 성례를 통해 그들을 채우시고, 새롭게 하시고, 온전하게 하시며, 다시 하나님의 선교가 이루어지는 세상으로 파송하신다. 예배는 주일 아침에 행해지는 일회적 행사가 아닌, 성도들의 삶 속에서 지속적으로 이루어지는 사건이다. 그러므로 우리는 하나님의 임재가 있는 진정한 예배를 갈망한다.

둘째, 매일 기도하고 성경 읽기. 매일의 삶과 일상의 선교 속에서 하나님의 뜻을 알기 위해, 우리는 하나님 앞에 깨어 있어야 한다. 기도는 우리를 하나님 앞에서 깨어 있게 한다. 우리는 무엇을 행함에 있어 먼저 기도하고, 중간에 기도하며, 마지막에 기도하기를 멈추지 말아야 한다. 성경은 이스라엘과 교회 역사에 나타난 하나님의 행동과 말씀에 관해 우리를 깨어 있게 한다. 그리고 이를 통해 선교적 정체성과 사명을 발견한다.

셋째, 일상의 선교사로 양육. 선교적 교회의 교인은 세상에 복음을 증거하기 위해 선교적 삶을 살아가는 선교사로서의 정체성을 가져야 한다. 우리는 이를 위해 소그룹 다락방 가정공동체 사역과 성경 대학 및 제자 훈련을 실시한다. 그리고 이를 통해 건강한 선교적 공동체를 이룬다.

넷째, 이웃과 지역 사회를 위한 환대와 섬김. 환대는 방문자나 도움이 필요한 사람 그리고 낯선 사람들을 관대하고 친절한 행동으로 기쁘게 해 주는 것으로써, 편안한 장소와 공간을 마련해 주고 공동의 식탁에 초대하는 것 등을 말한다. 환대와 섬김은 이웃을 내 몸같이 사랑하라는 주님의 말씀을 성취하는 것이다.

다섯째, 하나님의 선교에 동참. 교회 공동체는 모든 사람을 구원하시려는 하나님의 원대한 계획을 수행하는 도구로서 존재한다. 우리는 하나님께서 파송하신 선교사로서의 정체성을 확립하고, 성령께서 이끄심에 따라 세상으로 나아가 복음을 증거해야 한다.

선교적 교회로의 비전과 사명 선언, 그리고 사역 목표를 이루기 위한 기본 사역과 향후 5년의 사역 계획은 유기적으로 얽혀 있다. 따로 독립적으로 실행되기 어렵다는 것이다. 서로 도움을 주어서 시너지 효과를 낼 수 있을 때에만, 선교적 교회로의 전환이란 사역 목표를 성취할 수 있을 것이다.

먼저 다섯 가지 사역 목표에 따라 매년 교회에서 시행될 기본 사역은 첫째, 참된 예배로서 △주일 예배와 수요 예배·금요 예배 △구역과 소그룹 다락방 가정공동체 모임 및 예배 △가정 예배 등이다.

둘째, 매일 기도와 성경 읽기로서 △새벽 기도회 △한 가지 일을 행할 때마다 먼저 기도하기·중간에 기도하기·마지막에 기도하기 △아침에 일어나서 5분 이상·잠자기 전 5분 이상 기도하기 △성경 매일 3장·주일에 5장 이상씩 읽기 △성경 일 년에 일독하기 △하루에 성경 한 구절씩 암송하기 등이다.

셋째, 일상의 선교사 양육으로서 △새 가족반 △성경 대학 △제자 훈련 △소그룹 다락방 가정공동체 사역 등이다.

넷째, 하나님의 선교에 동참으로서 △치과와 카이로프랙틱 등 의료 선교 △감사 운동 △소그룹 다락방 가정공동체 증식과 분가 등이다.

다섯째, 이웃과 지역 사회를 위한 환대와 섬김으로서 △사랑의 현장 갖기 △사랑의 쌀 나누기 △장애우와 독거노인에 사랑의 반찬 나누기 △지역 대청소 △주변 학교 장학금 전달 △자원봉사센터 △푸드뱅크 등이다.

참된 예배	기도·성경 읽기	선교사 양육	하나님 선교 동참	이웃에 환대·섬김
주일·수요·금요 예배	새벽 기도회	새 가족반	치과와 카이로프 랙틱 등 의료 선교	사랑의 현장 갖기
구역 예배	일마다 먼저·중간·마지막 기도하기	성경 대학	감사 운동	사랑의 쌀 나누기
소그룹 예배	아침과 저녁에 5분 이상 기도하기	제자 훈련	소그룹 가정공동체 증식	장애우·독거노인에 사랑의 반찬 나누기
가정 예배	매일 성경 읽고 한 구절 암송하기	소그룹 가정공동체 사역	소그룹 가정공동체 분가	봉사센터·장학금 전달·푸드뱅크

<표 2> 사역 목표에 따른 기본 사역

사역 계획은 각 연도별로 주제·표어·사역 방향과 함께 선교적 예배·선교적 교회론 교실·성경 대학·제자 훈련·소그룹 다락방 가정공동체 모임 등을 담고 있다.

제자 훈련은 1차 연도에 제자 훈련의 밑거름 과정인 성경 대학(초급반), 2차 연도에 성경 대학(고급반)과 제자 훈련 1단계(초급반), 3차 연도에 제자 훈련 2단계(고급반), 4차 연도에 제자 훈련 3단계(리더 양육반), 5차 연도에 제자 훈련 4단계(리더 계속 교육반) 순으로 실시한다.

또한 소그룹 모임은 1차 연도에 한 가정 모임, 2차 연도에 새 가정을 입양한 두 가정 모임을 시작하고 3차 연도부터는 두 가정이 새로운 가정을 입양해 다시 두 가정의 공동체로 분가하는 세 단계의 다락방 가정공동체 운동을 실시한다. 향후 교회의 조직은 한 가정교회·두 가정으로 구성되는 다락방 가정공동체·5-8개의 다락방으로 구성되는 구역공동체, 그리고 전 구역과 교인으로 구성되는 교회로 이루어지게 될 것이다.

선교적 교회로의 변화에 초점을 둔, 향후 5년간 사역 계획은 다음과 같다.

† 1차 연도

주제: 선교적 교회

표어: 건강한 선교적 공동체를 이루자

사역 방향: 선교적 교회로 전환하기 위한 첫 단계는 선교적 교회관을 정립하는 것이다. 작금의 잘못된 교회관을 벗어던지고, 성경적 교회관을 확립하는 일부터 시작해야 한다. 그리고 올바른 선교적 교회관을 명확히 확립하여 마음에 새겨야 한다. 이를 위해 선교적 교회관에 따른 선교적 예배를 드리고 선교적 교회론 교실과 성경 대학·소그룹 다락방 가정공동체 사역·새 가족 모임 등을 실시한다.

선교적 예배

하나님은 예배를 통해서 그리스도의 몸 된 지체들을 모으시고, 말씀과 성례를 통해 그들을 채우시고, 새롭게 하시고, 온전하게 하시며, 다시 하나님의 선교가 이루어지는 세상으로 파송하신다. 예배는 주일 아침에 행해지는 일회적 행사가 아닌, 성도들의 삶 속에서 지속적으로 이루어지는 사건이다. 그러므로 우리는 하나님의 임재가 있는 진정한 예배를 갈망한다.

선교적 예배란 세상을 구원코자 하시는 하나님의 마음을 품고, 일상의 삶 속에서 하나님의 선교에 동참할 수 있도록 인도하는 예배이다. 선교적 예배의 핵심 요소는 모임, 파송, 말씀, 성례이다. 모임(gathering)은 하나님의 존전에 나아가 그분의 말씀을 듣고 그 부르심에 응답할 준비의 단계로서, 하나님의 임재를 느낄 수 있는 경배와 찬양으로 이끌 것이다.

선교적 예배에서 말씀(Word)은 복음의 메시지를 통해 성도의 삶을 새롭게 하고, 세상을 향해 나아가게 하는 도전을 끊임없이 제시하는 데 초점을 맞출 것이다. 성례(sacrament)는 그리스도의 몸과 피에 참여할 뿐만 아니라 그분의 죽음과 부활에 동참하여 주님께서 맡기신 사역을 감당하는 통로이므로, 매주 성찬 예식을 시행할 것이다. 파송(sending)은 예배의 끝이 아니라 세상을 향해 나아가 하나님의 선교에 참여하게 되는 선교적 삶의 출발점으로 인식하게 될 것이다.

선교적 교회론 교실

교회가 정립해야 할 선교적 교회관은 △하나님의 선교에 참여하는 교회 △선교적 본질을 회복하는 교회 △하나님 나라를 구현하는 교회 △평신도의 역할을 강조하는 교회 △지역 사회에 대한 영향력을 회복하고 지역 사회와 함께하는 교회 △사도적 섬김의 리더십을 실천하는 교회이다. 이 선교적 교회관을 확립하기 위해 교회란 무엇인가, 교회의 본질·말씀과 성례와 징계 등 교회의 표지·교회의 사명·교회의 직분·안식일과 주일·예배·세례·헌금·교회와 복음·거룩함과 온전함·사랑의 공동체·은사·교회와 국가·교회와 문화·하나님 나라·하나님의 선교·하나님의 백성 등에 대해 공부할 것이다. 이 선교적 교회론 교실은 일주일에 한 번 주일 오후에 열릴 것이다.

성경 대학(초급반)

성경 대학은 본격적인 제자 훈련을 하기 위한 밑거름의 과정이다. 신앙의 근거가 되는 성경을 자세하게 배우게 됨으로써 신앙의 확고한 터전을 내리는 매우 중요한 과정이다. 초급반은 성경 전체의 개요와 구약을 배우게 되는데, 1년에 걸쳐 일주일에 한 번씩 3시간이 소요된다.

소그룹 다락방 가정공동체 모임(1단계)

이 소그룹 다락방 모임은 가정을 중심으로 이루어진다. 장년 중심의 모임이 자녀들을 소외시키는 결과를 낳고 있기 때문이다. 1차 연도에는 한 가정으로 다락방을 구성하며, 부모 중에서 리더십이 있는 사람이 순장을 맡는다. 이 모임은 주중에 반드시 한 번 이상 비신자 가정을 초청해 식사를 함께하고 복음의 메시지를 전해야 한다. 이 가정이 복음을 받아들일 때까지 초청을 계속해야 한다. 복음을 거절할 경우에는 또 다른 비신자 가정을 초청한다. 그리고 복음을 받아들일 때에는 교회로 인도하고, 이 가정이 또 하나의 다락방을 분가할 때까지 멘토의 역할을 감당해야 한다. 다락방은 제자 훈련의 핵심이자 열매라고 할 수 있다. 다락방의 성패는 소그룹 다락방 리더, 즉 순장에 달려 있다. 순장이 얼마나 잘 준비되었느냐가 다락방의 운명을 가늠할 만큼 중요하다. 다락방이 작은 선교적 교회로서의 기능을 다하려면 제자 훈련을 통해 영적으로 잘 준비된 사역자가 필요하다. 하지만 이 5개년 사역 계획의 첫해로서 제자 훈련을 마친 리더가 아직 없다. 따라서 1차 연도의 다락방 순장은 신앙적으로 성숙하고 리더십이 있는 사람이 맡을 수밖에 없다.

새 가족 모임

새 가족은 모든 신자 교육의 출발이다. 새 가족이란 초신자를 의미하는 것이 아니라 교회에 새로 들어온 가족이라는 뜻이다. 즉 완전히 신앙생활을 처음 시작하는 사람을 비롯해 다른 교회에서 이동해 왔거나 낙심하였으나 다시 교회에 나와 신앙생활을 시작한 사람을 통틀어서 새 가족이란 용어를 사용한다. 새 가족 모임은 처음 교회에 나온 사람들을 구원의 길로 인도해 주며, 기독교의 기본 진리를 체계적으로 정리해 주고 교회의 비전과 사명을 이해하도록 도와준다. 그리고 개인 면담을 통해 교회에 깊이 뿌리를 내릴 수 있도록 인도해 준다. 새 가족 모임 5주 과정 교육은 △유일한 구원자 예수 △믿음이란 △신앙생활은 어떻게 하면 잘할 수 있는가 △성경은 하나님의 말씀이다 △교회와 그 중요성(비전·사명 소개) 순으로 진행된다. 새 가족 모임을 수료한 후에는 소그룹 다락방 공동체로 연결된다. 또한 선교적 교회론 교실과 성경 대학 등에 참여하면서 제자 훈련을 준비하게 된다.

† 2차 연도

주제: 우리는 선교사
표어: 일상의 선교사로 거듭나자
사역 방향: 선교적 교회로 전환하기 위한 두 번째 단계는 선교사로서의 정체성을 확립하는 것이다. 선교적 교회의 교인은 세상에 복음을 증거하기 위해 선교적 삶을 살아가는 선교사로서의 정체성을 가져야 한다. 이를 위해 성경

대학(고급반)과 제자 훈련 1단계(초급반), 그리고 소그룹 다락방 가정공동체 모임(2단계) 등을 실시한다. 우리는 일상의 선교사로 거듭나게 될 것이다.

성경 대학(고급반)

2차 연도의 성경 대학은 초급반을 마친 신자들만 참여할 수 있다. 성경 대학 고급반은 신약 성경을 중점적으로 공부한다. 이와 더불어 성경 대학 초급반도 개설된다.

제자 훈련 1단계

선교적 교회에서의 성도는 제자의 삶에 참여하는 것을 의미하며, 세상 속에서 그들과 함께하고, 복음을 전하는 자를 말한다. 제자도는 선교적 교회의 사명을 다하는 삶이라고 할 수 있다. 선교적 교회는 제자도에 의해 완성되고 교회 본연의 모습을 띠게 되며, 그 공동체 속에 있는 성도들은 자연스레 제자의 삶을 살아가게 된다. 따라서 제자 훈련의 목표는 "모든 성도들을 주님의 제자로 만든다"는 것이다.

제자 훈련은 1단계(초급반)-2단계(고급반)-3단계(리더 양육반)-4단계(리더 계속 교육반) 순으로 진행된다. 2단계부터는 반드시 전 단계를 수료해야만 입학할 수 있다. 1-3단계의 규모는 5-10명이며, 4단계는 정원이 없다. 각 단계는 1년 코스로 주중에 각 가정을 돌아가면서 모이게 된다. 소요 시간은 2시간 정도이다. 리더의 인도 아래 모임은 관계 증진을 위한 대화-찬송-성경 공부-기도 등의 순서를 갖는다.

1단계는 초급반으로 마음의 변화에 초점을 두고, 복음의 기초를 닦아 주고, 구원의 확신을 심어 주며, 경건 생활을 강조한다. 성경 공부는 교재를 갖고 구원의 확신과 그리스도인의 육성·그리스도인의 생활 훈련 등으로 구성된다. 회개와 믿음을 통해 갖게 되는 구원의 확신은 제자 훈련의 가장 중요한 요소이다.

그리스도인의 육성은 교회 소개, 소그룹(다락방)과 성경 공부 참여·헌금·교역자와의 만남·주일 학교 등 교회에서 생활하는 데 필요한 실제적인 것과, 기도와 성경 읽기·전도와 봉사·영적 교제·예배 등 영적인 성장에 필요한 내용들이다. 또 그리스도인의 생활 훈련은 말씀을 통하여 그리스도의 구속의 은혜를 더욱더 깊이 깨닫고, 이를 실생활 가운데 적용시켜서 지속적인 신앙생활을 할 수 있도록 돕는 것이다.

소그룹 다락방 가정공동체 모임(2단계)

2차 연도에는 각 다락방을 두 가정으로 구성한다. 이 중의 한 가정은 새로 신자가 된 가정으로 한다. 순장은 성경 대학과 제자 훈련을 받고 있으며 리더십이 있는 사람으로 한다. 각 다락방은 주중에 반드시 한 번 이상 비신자 가정을 초청해 식사를 함께하고 복음의 메시지를 전해야 한다. 모임은 두 가정이 돌아가면서 장소와 음식을 제공한다. 이 두 가정이 함께 새롭게 복음을 받아들인 가정의 멘토 역할을 감당해야 한다.

† 3차 연도

주제: 하나님의 선교

표어: 복음 들고 세상으로 나아가자

사역 방향: 선교적 교회로 전환하기 위한 세 번째 단계는 하나님의 선교를 실현하는 것이다. 교회 공동체는 모든 사람을 구원하시려는 하나님의 원대한 계획을 수행하는 도구로서 존재한다. 우리는 하나님께서 파송하신 선교사로서, 성령의 이끄심에 따라 세상으로 나아가 복음을 증거해야 한다. 이를 위해 제자 훈련 2단계(고급반)와 소그룹 다락방 가정공동체 모임(3단계)·의료 선교(1단계)·감사 운동(1단계) 등을 실시한다.

제자 훈련 2단계(고급반)

제자 훈련 2단계는 그리스도인의 사역 및 선교 훈련이다. 생각을 바꾸는 의식의 개혁에 초점을 두고, 자신과 교회를 보는 눈이 바뀌게 된다. 그리스도인의 사역 훈련은 성경적인 사역관과 사역자가 경험하는 내적 문제들에 대하여 다룬다. 또 그리스도인의 선교 훈련은 선교에 대한 기본적 지식 제공과 선교를 위한 사역 참여, 선교를 위한 헌신 등으로 구성된다. 제자 훈련 2단계를 위해서는 반드시 제자 훈련 1단계를 수료해야 한다.

소그룹 다락방 가정공동체 모임(3단계)

3차 연도에는 각 다락방의 증식과 분가를 본격적으로 실행한다. 다락방은 두 가정 이상으로 구성되며, 이 중의 한 가정은 새로 신자가 된 가정으로 한다. 순장은 성경 대학과 제자 훈련을 받고 있으며 리더십이 있는 사람으로 한다. 각 다락방은 주중에 반드시 한 번 이상 비신자 가정을 초청해 식사를 함께하고 복음의 메시지를 전해야 한다. 이 두 가정이 함께 새롭게 복음을 받아들인 가정의 멘토 역할을 감당해야 한다. 새 가정이 새 가족반과 성경 대학을 마칠 즈음에 다락방의 분가를 신청한다.

의료 선교(1단계)

이 의료 선교의 목적은 어려운 이웃을 사랑으로 돕고 복음을 전하는 데 있다. 1단계에서는 치과로 시작한다. 지역의 비그리스도인으로서 저소득층 및 비보험자들을 우선 대상으로 한다.

감사 운동(1단계)

"항상 기뻐하라, 쉬지 말고 기도하라, 범사에 감사하라 이것이 그리스도 예수 안에서 너희를 향하신 하나님의 뜻이니라"(살전 5:16-18)를 개인과 교회와 사회에 실천하는 감사 운동을 전개한다. 이 감사 운동은 감사로 동행하고 감사 습관을 익히는 '감사 학교(Thanks School)'와 감사 일기 쓰기, 감사 저금통 만들기, '감.사.기.도.(4R Prayer)' 드리기, 감사 우체국 실천하기 등으로 진행된다.

† 4차 연도
주제: 우리는 리더
표어: 사도적 섬김의 리더십을 실천하자

사역 방향: 선교적 교회로 전환하기 위한 네 번째 단계는 사도적인 섬김의 리더십을 실천하는 것이다. 선교적 교회의 리더십은 자신을 비워 인류의 구원을 완성시킨 '십자가의 리더십'이며, 예수 그리스도의 지상 명령을 이루기 위해 세상 한가운데로 보냄을 받은 '사도적 리더십'이다. 하나님께서 주신 은사에 따라 사역을 감당하는 수평적인 섬김의 리더십을 이루어 나갈 것이다. 이를 위해 제자 훈련 3단계(리더 양육반)와 소그룹 다락방 가정공동체 모임(4단계) 등을 실시한다. 또 구역 공동체 모임을 시작한다.

제자 훈련 3단계(리더 양육반)

제자 훈련 3단계는 리더를 양육하기 위한 그리스도인의 지도자 훈련반이다. 이 훈련을 받는 사람들은 평신도 지도자로서 소그룹(다락방)을 지도할 수 있어야 한다. 성경적인 지도자관을 가르치고, 지도자로서 갖추어야 할 인격 훈련과 성경 전체의 흐름을 이해함으로써 자신의 소명감을 확인케 한다.

소그룹 다락방 가정공동체 모임(4단계)

4차 연도에는 각 다락방의 증식과 분가를 본격적으로 실행한다. 다락방은 두 가정 이상으로 구성되며, 이 중의 한 가정은 새로 신자가 된 가정으로 한다. 순장은 성경 대학과 제자 훈련을 받고 있으며 리더십이 있는 사람으로 한다. 각 다락방은 주중에 반드시 한 번 이상 비신자 가정을 초청해 식사를 함께하고 복음의 메시지를 전해야 한다. 이 두 가정이 함께 새롭게 복음을 받아들인 가정의 멘토 역할을 감당해야 한다. 새 가정이 새 가족반과 성경 대학을 마칠 즈음에 다락방의 분가를 신청한다.

구역 공동체 모임

  구역 공동체 모임은 7-10개의 다락방으로 구성된다. 지역을 중심으로 이루어지는 이 구역 공동체는 다락방의 지원과 분가 등을 담당한다. 구역 공동체는 일주일에 한 번 모임을 갖는다.

† 5차 연도

주제: 이웃 사랑

표어: 지역 사회와 함께하는 교회가 되자

사역 방향: 선교적 교회로 전환하기 위한 다섯 번째 단계는 이웃 사랑을 실천하는 것이다. 선교적 교회는 구체적인 지역에 동등하게 참여해 이웃이 되는 과정을 중시함으로써 이웃 자체가 되는 것을 목적으로 삼아야 한다. 그리고 이러한 이웃 됨은 우리 교회와 그리스도인의 몸으로 일상에서 함께하는 것이어야 한다. 이를 위해 제자 훈련 4단계(리더 계속 교육반)와 의료 선교(2단계)·감사 운동(2단계)·사랑의 현장 갖기 운동 등을 실시한다.

제자 훈련 4단계(리더 계속 교육반)

  평신도 리더들의 재교육반이다. 이 계속적인 관리 단계는 계속적인 사역을 하는 데 필요한 도움을 주기 위한 것이다. 지금까지는 어떤 커리큘럼에 의해 약속된 기간을 두고 어떤 목표를 위하여 훈련을 받아 왔다. 이제 후로는 사역을 위한 위임이 있고 평생 교육 개념에 따라서 훈련을 받게 된다. 이때 두 가지의 교육이 필요한데, 첫째는 사역자 자신을 영적으로 돕기 위한 것과 둘째로 사역을 돕기 위한 훈련이다. 이 둘 사이에 적절한 균형이 있어야 사역자들이 계속 사역을 할 수 있는 의욕을 유지할 수 있다. 이와 함께 지역 사회와 함께하는 선교적 교회의 다양한 모델도 연구할 것이다. 이 모델에는 오가닉 처치, 소마 선교 공동체, 크리스천 어셈블리, 모자이크 교회, 퀘스트 교회, 드림센터, 오스틴 스톤 커뮤니티 교회, 리얼리티 LA 교회, 락하버 교회, LA 뉴시티 교회, 뉴송 교회 등이 있다.

의료 선교(2단계)

의료 선교 2단계에서는 1단계의 치과와 함께 카이로프랙틱과 한방을 추가해 세 가지를 실시한다. 앞으로 안과와 척추신경과 등을 추가할 수 있도록 준비한다.

감사 운동(2단계)

교회 내에서만 진행되던 감사 운동을 지역 사회에 확산시키는 단계이다. 이 감사 운동은 감사로 동행하고 감사 습관을 익히는 '감사 학교(Thanks School)'와 감사 일기 쓰기 · 감사 저금통 만들기 · '감.사.기.도.(4R Prayer)' 드리기 · 감사 우체국 실천하기 등으로 진행된다.

사랑의 현장 갖기 운동

이웃과 지역 사회를 위한 환대와 섬김을 실천하는 운동이다. 환대는 방문자나 도움이 필요한 사람 그리고 낯선 사람들을 관대하고 친절한 행동으로 기쁘게 해 주는 것으로서, 편안한 장소와 공간을 마련해 주고 공동의 식탁에 초대하는 것 등을 말한다. 환대와 섬김은 이웃을 내 몸같이 사랑하라는 주님의 말씀을 성취하는 것이다. 이 운동으로 △사랑의 쌀 나누기 △장애우와 독거노인에 사랑의 반찬 나누기 △지역 대청소 △주변 학교 장학금 전달 △자원봉사센터 △푸드뱅크 등을 실천한다.

1차 연도	2차 연도	3차 연도	4차 연도	5차 연도
주제: 선교적 교회	주제: 우리는 선교사	주제: 하나님 선교	주제: 우리는 리더	주제: 이웃 사랑
표어: 건강한 선교적 공동체를 이루자	표어: 일상의 선교사로 거듭나자	표어: 복음 들고 세상으로 나아가자	표어: 사도적 섬김의 리더십을 실천하자	표어: 지역 사회와 함께 하는 교회가 되자
선교적 예배	성경 대학(고급반)	제자 훈련 2단계 (고급반)	제자 훈련 3단계 (리더 양육반)	제자 훈련 4단계 (리더 계속 교육반)
선교적 교회론 교실	제자 훈련 1단계	소그룹 다락방 가정공동체 모임 (3단계)	소그룹 다락방 가정공동체 모임 (4단계)	의료 선교 (2단계)
성경 대학(초급반)	소그룹 다락방 가정공동체 모임 (2단계)	의료 선교 (1단계)	구역 공동체 모임	감사 운동 (2단계)
소그룹 다락방 가정공동체 모임 (1단계)		감사 운동 (1단계)		사랑의 현장 갖기 운동

<표 3> 향후 5년간 사역 계획

참고 문헌

- 권성수 외. 교회성장 이야기. 서울: 기독신문사. 1997.
- 김성곤. 두 날개로 날아오르는 건강한 교회. 서울: 두날개. 2001.
- 박기호. "선교와 제자도". 풀러선교대학원. 2016.
- 박찬섭. 교회발전과 성령은사. 서울: 엘맨출판사. 1990.
- 신국원. 변혁과 샬롬의 대중문화론. 서울: IVP. 2004.
- 이상훈. "선교적 교회를 통한 목회 패러다임의 갱신". 복음과 선교 제20집. 2011.
- "선교적 교회, 선교적 예배". 워십리더 매거진 9월호. 2012a.
- "선교적 교회의 사역 원리". 인천: 워십리더. 2012-2014.
- "선교적 교회와 목회 갱신". 월간 교회성장 2월호. 2013.
- Re_Form Church. 서울: 교회성장연구소. 2015.
- "선교적 교회운동: 교회의 본질로의 회귀". 목회와신학. 2016a.
- "북미 갱신운동의 관점에서 본 선교적 교회의 의미와 다음 세대 사역 방안". 오순절신학과 미래세대. 19차 오순절신학회 학술발표회. Pp. 205-236. 2016b.
- Church Shift: 선교적 교회 사역 패러다임. 인천: 워십리더. 2017.
- 임성빈. 21세기 문화와 기독교. 서울: 장로회신학대학교출판부. 2004.

- 최동규. "한국 포스트모던 문화의 도전과 교회성장의 과제". 신학과 실천 제20호. 2009.
- "GOCN의 선교적 교회론과 교회 성장학적 평가". 선교신학 25권. 서울: 한국선교신학회. 2010.
- "선교적 교회의 내적 동력으로서의 공동체성". 선교신학 제44집. 서울: 한국선교신학회. 2016.
- 한국복음주의 실천신학회. 복음주의 교회 성장학. 서울: 생명의말씀사. 2012.
- 한국선교신학회. 선교적 교회론과 한국교회. 서울: 기독교서회. 2015.
- 한국일. 세계를 품는 교회: 통전적 선교신학. 서울: 장로회신학대학교출판부. 2010.
- 고힌, 마이클(Goheen, Michael W.). 열방에 빛을(Light to the Nations). 박성엽 역. 서울: 복있는사람. 2012.
- 구더, 대럴(Guder, Darrel). 선교적 교회. 정승현 역. 인천: 주안대학원대학교출판부. 2013.
- 글라서, 아더(Glasser, Arthur F.). 성경에 나타난 하나님의 선교(Announcing the Kingdom). 임윤택 역. 서울: 생명의말씀사. 2006.

- 깁스, 에디. Next Church: 미래목회의 9가지 트렌드. 임신희 역. 서울: 교회성장연구소. 2003.
- 깁스, 에디(Gibbs, Eddie), 라이언 볼저(Ryan Bolger). 이머징 교회(Emerging Church). 김도훈 역. 서울: 쿰란출판사. 2008.
- 데이로스, 파블로(Deiros, Pablo). "새로운 교회운동들과 하나님 나라의 성장". 풀러선교대학원. 2015.
- 드리스콜, 마크(Driscoll, Mark). 새롭게 복음 전하는 교회(The Radical Reformission : Reaching Out without Selling Out). 정진환 역. 서울: 죠이선교회. 2007.
- 레이너, 톰(Rainer, Tom). 교회성장 교과서(The Book of Church Growth). 홍용표 역. 서울: 예찬사. 1995.
- 맥가브란, 도날드(McGavran, Donald). 교회성장이해. 한국복음주의선교학회 역. 서울: 한국장로교출판사. 1987.
- 맥가브란, 도날드, 윈 아안(McGavran, Donald, Win Arn). 교회 성장의 열단계. 오태용 역. 서울: 신망애출판사. 1993.
- 맥가브란, 도날드, 조지 헌터(McGavran, Donald, George Hunter). 교회성장학.

박은규 역. 서울: 대한기독교출판사. 1992.
- 밴 갤더, 크레이그(Gelder, Craig). 선교하는 교회만들기(The Essence of the Church). 최동규 역. 서울: 베다니출판사. 2003.
- 밴 갤더, 크레이그(Gelder, Craig), 드와이트 J. 샤일리(Dwight J. Zscheile). 선교적 교회론의 동향과 발전(Missional Church in Perspective). 최동규 역. 서울: CLC. 2015.
- 밴 갤더, 크레이그, 릭 로우즈(Van Gelder, Craig, Rick Rouse). 선교적 교회 만들기: 성공적인 교회 변혁을 위한 지침서(Field Guide for the Missional Congregation). 황병배, 황병준 역. 고양: 한국교회선교연구소. 2013.
- 사인, 탐(Sine, Tom). 하나님 나라의 모략(Divine Conspirators). 박세혁 역. 서울: IVP. 2014.
- 쉥크, 윌버트(Shenk, Wilbert R.). "새 포도주는 새 부대에: 후기-기독교세계 교회론에 관해". 정승현 역. Mission Network 5. 2005.
- 슈바르츠, 크리스티안(Schwarz, Christian A.). 자연적 교회성장(Natural Church Development). 정진우 역. 서울: 도서출판 NCD. 2001.

- 와그너, 피터(Wagner, C. Peter). 교회 성장학개론(Church Growth State of Art). 이재범 역. 서울: 솔로몬말씀사. 1987.
- 워렌, 릭(Warren, Rick). 새들백교회 이야기. 서울: 디모데. 2004.
- 윌라드, 달라스(Willard, Dallas). 잊혀진 제자도. 윤종석 역. 서울: 복있는사람. 2007.
- 콜, 닐(Cole Neil). 오가닉 처치. 정성묵 역. 서울: 가나북스. 2010.
- 킴벌, 댄(Kimbal, Dan). 시대를 리드하는 교회. 윤인숙 역. 서울: 이레서원. 2007.
- 타운즈, 엘머(Towns, Elmer) 외. 교회성장 운동 어떻게 볼 것인가(Evaluating the Church Growth Movement : 5 Views). 김석원 역. 서울: 부흥과개혁사. 2009.
- 프로스트, 마이클(Frost, Michael), 앨런 허쉬(Alan Hirsch). 새로운 교회가 온다 (The Shaping of Things to Come). 지성근 역. 서울: IVP. 2009.
- 헐, 빌(Hull, Bill). 온전한 제자도(The Complete Book of Discipleship). 박규태 역. 서울: 국제제자 훈련원. 2009.
- Barrett, Lois Y. ed. Treasure in Clay Jars. (Grand Rapids, MI: Wm. B. Eerdmans). 2004.

- Frost, Michael & Alan Hirsh. The Shaping of Things to Come. (Peabody, MA: Hendrickson Publishers). 2003.
- Stetzer, Ed & David Putman. Breaking the Missional Code. (Nashville, TN: Broadman & Holman). 2006.

※ 교회의 요청에 따라 교회와 목회자 이름을 가명 처리했음을 밝힌다.